西周大射礼研究

王绍之 著

吉林大学出版社
·长春·

图书在版编目（CIP）数据

西周大射礼研究 / 王绍之著 .— 长春：吉林大学出版社，2023.12

ISBN 978-7-5768-2718-7

Ⅰ.①西… Ⅱ.①王… Ⅲ.①射箭－礼仪－研究－中国－西周时代 Ⅳ.① K892.98

中国国家版本馆 CIP 数据核字 (2023) 第 236864 号

西周大射礼研究
XIZHOU DASHELI YANJIU

作　　者	王绍之
策划编辑	邵宇彤
责任编辑	赫　瑶
责任校对	闫竞文
装帧设计	阅平方
出版发行	吉林大学出版社
社　　址	长春市人民大街 4059 号
邮政编码	130021
发行电话	0431-89580028/29/21
网　　址	http://www.jlup.com.cn
电子邮箱	jdcbs@jlu.edu.cn
印　　刷	定州启航印刷有限公司
开　　本	787mm×1092mm 1/16
印　　张	10
字　　数	105 千字
版　　次	2023 年 12 月第 1 版
印　　次	2024 年 1 月第 1 次
书　　号	ISBN 978-7-5768-2718-7
定　　价	58.00 元

版权所有　翻印必究

前　言

西周是礼乐文化的发展成熟期，大射礼是周王选贤择士、封侯益土，与燕礼联类而行，与朝聘、祭祀等多种典礼相伴随的重要典礼，西周大射礼研究虽然属于礼制史的范畴，但其还涉及了历史学、文献学、考古学、古文字学、音乐学、体育学等多学科的资料与知识，与多个学科都有密切的联系。因此本书运用学科交叉的方法，从不同的方面综合论证关于西周大射礼的有关问题。

大射礼源于带有巫术性质的射侯礼，经过商代贵族射礼的修饰与融合，在西周被赋予了新的政治内涵和道德内涵。西周社会是礼乐文明昌盛的社会，礼乐制度与社会风俗相互影响，催化了礼乐文明内部的嬗变。大射礼作为一个典型性礼仪，从它在西周社会思想、政治、风俗的影响下不断发生的仪程和内涵上的改变，不难看出礼乐文明在西周时期的发展过程。随着战争的结束与社会矛盾重心的转移，大射礼的内涵逐渐从侧重武力改变为尊崇道德，由拥有外在张力的功利性的射为诸侯的贯革之射，转变为内在含蓄的修养自我的节乐之射。大射礼的这种改变，正是从某种角度反映了整个西周社会风气的转变。人们不再将外在的武力作为衡量一个人素质的主要依据，而是更加注重一个人的道德修养，注重人的内在力量。可以说西周时期是中华民族道德品格的形成时期，礼乐制度在其中起到了重要的导向性作用。

西周是射礼非常盛行的时期，而射礼在各种礼仪中仪程最多，光大射礼一项就有饮酒、朝聘等多种典礼相伴。本书结合青铜铭文等原始文献对西周大射礼的仪节内容、行射方式、地点、性质等方面进行研究，从而推动先秦礼制史在这一方面的研究。通过对西周大射礼用乐仪节、所用乐器种类及所用乐曲篇目的分析与研究，从乐的层面加深对西周礼乐关系的认识，对先秦尤其是西周的礼乐文化进行不同层面的分析与研究，从而推动先秦文化史的深入研究。对西周大射礼活动的仪程及其内涵进行深入分析，不仅有助于了解当时的社会等级结构，也有助于理解当时社会结构基本格局形成的内因，从而促进先秦社会史的研究。

  本书第一章主要探讨了射礼以及大射礼的起源问题，两者虽是包含与被包含关系，但大射礼的起源并不能简单地以射礼的起源而泛论。大射礼起源于带有巫术性质的射侯礼仪，并在西周时期逐渐走向成熟。第二、三章主要分析了出土文献及传世文献中所记载的大射礼的相关内容，将传世文献中所记载的大射礼的仪程与出土文献中所载的大射礼仪程结合起来，初步窥见西周早期大射礼仪程原貌。第四章结合文献对西周大射礼的用乐仪式、所使用的乐器以及所使用的乐曲篇目做了分析与整理，大射礼用乐随着时代变迁而发生变化，礼与乐相辅相成的关系，在大射礼的用乐仪程中得到了淋漓尽致的体现。第五章对前面四章所作出的整理与分析进行总结与归纳，并对大射礼与西周社会的关系进行探讨，进而对礼乐制度与西周社会的关系进行探讨。

  总体来说，本书结合文献对西周大射礼的功能、社会背景、历史作用等问题进行研究，联系西周的社会发展状况，对大射礼所反映的西周社会制度的变革以及大射礼在其中所体现的历史作用与影响做进一步的分析，从而探寻西周礼乐结合、以礼治国的社会情况与时代背景。

王绍之

2023 年 6 月

目 录

序　章 ·· 1

第一章　大射礼渊源考论 ·· 13
　　第一节　射礼源流考 ·· 15
　　第二节　大射礼源流考 ·· 19

第二章　出土文献中的西周大射礼 ·· 31
　　第一节　柞伯簋与西周大射礼 ·· 33
　　第二节　义盉盖与西周大射礼 ·· 41

第三章　传世文献与西周大射礼研究 ···································· 53
　　第一节　《诗经》与西周大射礼 ···································· 55
　　第二节　《仪礼·大射仪》与西周大射礼 ······················· 68

第四章　西周大射礼用乐考 ·· 83
　　第一节　西周大射礼用乐仪节考 ···································· 86
　　第二节　西周大射礼所用乐器考 ···································· 96
　　第三节　西周大射礼所用乐曲考 ···································· 102

第五章　大射礼与西周社会 ·· 111
　　第一节　大射礼与西周的政治制度 ································ 114
　　第二节　大射礼与西周的教育制度 ································ 119
　　第三节　大射礼对西周社会生活的影响 ························· 122

结　语 ·· 129

补　论 ·· 133
　　由贯革之射到不主皮之射——商周之际大射礼的演变与成熟…135

参考文献 ·· 149

序章

序　章

射礼起源于人类初期的田猎行为，随着社会的不断发展，其实用价值逐渐为审美价值所取代，并演化为一种礼仪形式。随着冶炼技术的成熟，西周时射箭这项军事技能在这一时期拥有了特殊的地位，并且有了突出的发展。对于西周的成年男子来说，射不仅是作战的必备手段，也是敬德尊礼，进行道德教育的重要方式，可以说射在西周完成了它礼仪化的进程。西周的射礼属于嘉礼的一种，分为：大射、宾射、燕射、乡射。其中，大射礼是天子或诸侯在祭祀鬼神的大典之前，为了挑选参加祭祀的成员而举行的典礼。

西周时期的大射礼，与殷商时期的射礼和东周文献上所记载的大射礼相比，既有相同的地方，而因其独有的时代特征，也有一些不同之处。如：西周金文中所载大射礼的某些术语和仪节，与殷商时期金文所载相近或相同；与《仪礼·大射仪》中所载的春秋时期诸侯举行的大射礼由司射主持不同，西周早期的金文记载中，大射礼由周天子亲自主持或亲自参与；西周金文中有记载王与臣下、邦君三对三为三耦射，《周礼·夏官·射人》中则说"王以六耦"，等等。以上这些异同，反映了西周射礼对殷商射礼的继承与发展和对后世射礼的启迪与影响。

西周射礼是中国礼仪制度的重要组成部分，西周大射礼则因其为周天子亲自主持或亲自参与的选士之礼，在当时的社会生活与政治领域中都占有非常重要的位置。随着礼学研究的发展和考古新资料的不断更新，尤其是随着对义盉盖与柞伯簋这两件刻有西周早期大射礼铭文的青铜器的发掘与研究，西周大射礼研究已成为先秦史研究领域中一个不能回避的课题。关于大射礼的研究，早在先秦时代已露其端倪。先秦很多文献中记载了当时举行的大射礼活动及大射礼仪程，如《诗经》《周礼》《仪礼》《礼记》中都对大射礼或多或少有所提及，这些文献对素材有一定的加工整理，并且反映的大都是春秋时期及其以后的大射礼仪程，虽具有一定的参考价值，但也在一定程度上影响了西周大射礼的真实性和完整性。自汉代以来，经学家开始对先秦经典进行注疏、整理，使我们能够进一步窥见西周大射礼的真实面貌。如：汉代经学家郑玄的《三礼目录》和对《诗经》《周礼》《仪礼》《礼记》的笺注，以及唐代孔颖达、贾公彦的正义与义疏，南宋朱熹、黄干的《仪礼经传通解》，清代胡培翚的《仪礼正义》、孙诒让的《周礼正义》等，皆对先秦典籍中记载的大射礼做了辩证、更正、补充说明及仪程还原等工作，对西周大射研究，具有很高的参考价值。

除了经学家对先秦典籍的注疏、整理之外，还有不少从其他方面研究射礼的著作，也对西周大射礼有所提及。如：宋代高承的《事物纪原·射的》、明代李呈芬的《射经》、清代张惠言的《仪礼图》等有关射礼的著作。这些论著中描写大射礼的具体篇章，或考其源流或写其图像，其中虽有不确之处或虚构之言，但这些资料阐释大射礼时引用原书原文，可资互证。其书或本《左传》等史书对礼书考释定伪，或以图示的直观方式来表现礼书繁复的制度，所得结论多有依据，对我们今天研究西周大射礼仍有一定的参考价值。

从 20 世纪初到 20 世纪六十年代，涉及射礼内容的研究成果不多，涉及大射礼并具体到西周时期的大射礼的研究成果更为稀少，但专门研究射礼的论文已经开始出现。如杨宽先生的《"射礼"新探》，是首篇专门研究射礼的论文。在此文中，杨宽先生不仅充分运用文献和金文资料，对西周与春秋射礼的性质、目的、仪节内容及其起源进行了探讨，而且经过对大射礼和乡射礼的主持人员、三番射的步骤和内容、射礼用乐三个方面分别进行比较，提出了"大射礼"实为高级的"乡射礼"这一观点。他在这篇论文中所做的很多结论，即使在今天也仍值得参考。

20 世纪八十年代以来，随着社会史研究的深入，曾掀起礼学研究的新热潮。学者有关射礼的研究成果渐多，尽管专门讨论西周大射礼的论文迄今还比较少见，但是很多关于射礼方面的研究成果都或多或少对西周大射礼有所提及。就其内容而言，这些研究成果大都是围绕以下四个方面来对西周大射礼进行讨论的：

其一，对大射礼的源流问题进行讨论。要考察大射礼的源流情况，首先要搞清射礼的起源与形成。姜楠、陈春慧、闫小平等在杨宽先生 20 世纪六十年代提出"'射礼'起源于借田猎来进行的军事训练"[1]的基础上，仍继续坚持射礼起源于狩猎或战争说。[2] 此外关于射礼起源，还有崔乐泉提出的射侯之礼源于氏族社会的

---

[1] 杨宽. 古史新探[M]. 上海：上海人民出版社，2016：329.
[2] 姜楠. "射礼"源流考[J]. 天津师大学报，1993(6)：53-55. 陈春慧. 论射礼兴衰及文化嬗变[J]. 南京理工大学学报（社会科学版），2002(1)：20-23. 闫小平. 先秦时期礼射的功能及其演变[J]. 体育文化导刊，2005(7)：76-77.

诅咒仪式[1]，日本学者小南一郎提出的射礼源于原始宗教祭祀仪式[2]等新看法。对于射礼出现的时间这一问题，陈戍国先生的《先秦礼制研究》已明确提出了"殷商的射礼"的命题，认为射牢礼"商已有之，其来源当更古远。《仪礼》的乡射礼、大射礼当从殷商及其以前的射礼发展而来"。[3] 宋镇豪在《从花园庄东地甲骨文考述晚商射礼》[4]一文中，根据新出的甲骨文、金文材料，指出"逐渐脱离宗教权威支撑而用来体现贵族子弟矢射技能高下的射礼，其实并非旧说所谓'夏殷无文，周则具矣'，也并非只盛行于西周以降，这套射礼早在商代就已经流行，周代不过是继承而有所革替而已。""晚商甲骨文和金文揭示的晚商射礼，其行仪程序有许多方面可以与西周金文乃至古文献中记述的射礼相比照"，说明晚商射礼"与周代以降的射礼是相通的"，这"正是周代射礼的滥觞"。"周代射礼，实当源自殷礼"。这篇文章可谓是第一次真正把射礼的研究视野从相关的礼书文献和西周金文扩展到殷商甲骨文领域，使中国古代贵族研习射礼的时间上限由原来的西周以降延伸到商代晚期，这对了解西周大射礼的渊源关系具有很高的学术价值。此外，有很多专家学者对作册般铜鼋进行了认定与考释，形成了很多具有重要学术意义的看法，这些看法对于确定该器的时代，从而对射礼的形成时期做进一步的考察是极有帮助的。如袁俊杰

---

[1] 崔乐泉."射侯"考略[J].成都体育学院学报，1995(2)：18.
[2] 小南一郎.论射的礼仪化过程——以辟雍礼仪为中心[C]//西周文明论集.北京：朝华出版社，2004：181.
[3] 陈戍国.先秦礼制研究[M].长沙：湖南教育出版社，1991：182-183.
[4] 宋镇豪.从新出甲骨金文考述晚商射礼[J].中国历史文物，2006(1)：10-18.

在《作册般铜鼋所记史事的性质》①一文中，从商代铜鼋所反映的射礼与西周金文射礼文辞及文献所记射礼的比较出发，认为虽然西周是射礼的成熟与盛行时期，但在这种成熟的礼仪之前，理应有一个逐渐形成完善的过程。周代射礼的某些具体仪节和所喻之含义，可能在商代晚期就已经存在了，因此铜鼋所反映的已不是滥觞期的射礼，而应是形成期的射礼。也就是说，他认为商代晚期是射礼的形成时期。关于射礼的起源问题，学术界还有不少其他的意见，但这些意见或分歧较大，或缺少实据，仍有继续探讨的必要。

其二，对有关西周大射礼的出土文献和传世文献进行考释。西周金文里有一批射礼铭文，其中记载大射礼比较完整，又比较专门的铭文有两篇，分别是出土于1984年的义盉盖的铭文与出土于1993年的柞伯簋的铭文。学术界对义盉盖的研究较为单薄，缺少单独论著。袁俊杰在《两周射礼研究》②一书中，对义盉盖做了详尽的解读，并对铭文中所用到的西周金文中常出现的"蔑历"一词做了疏解。相较于对义盉盖的研究，学术界对柞伯簋的研究则可谓硕果累累。自柞伯簋被发现以来，李学勤、冯时等人就对其铭文从不同方面进行了不同程度上的考释，并对柞伯簋的年代进行了断代。③王龙正、袁俊杰、廖佳行等人则结合文献记载，对新发现的柞伯簋及其所反映的大射礼与西周教育制度作了探讨，所

---

① 袁俊杰. 作册般铜鼋所记史事的性质 [J]. 华夏考古，2006(4)：39-44.
② 袁俊杰. 两周射礼研究 [M]. 北京：科学出版社，2013：148-153.
③ 李学勤. 柞伯簋铭考释 [J]. 文物，1998(11)：67-69. 冯时. 柞伯簋铭文剩义 [J]. 古文字研究二十四辑，北京：中华书局，2002：225-228.

提出的举行大射礼的时间、射礼的形式、举行射礼的目的、贵族子弟的义务教育、射礼的教学性质、兵学合一的学校教育体制等结论，都是言之有据的。[①] 张影舒、涂白奎等人则从西周的社会背景、政治制度方面对柞伯簋及其所载的大射礼进行分析探究，[②] 传世文献记载西周大射礼比较集中的应是东周礼书"三礼"，但因其本身成书时间早晚杂糅，书中有些关于大射礼的内容与西周的时代背景不符，故本书将辨析使用东周礼书中的有关资料。除"三礼"外学术界对《诗经》某些篇章中所涉及的大射礼研究较多。其中，袁俊杰在《两周射礼研究》[③] 一书中，对《诗经·大雅·行苇》作了详尽的分析解读，对其成诗年代和所述射礼种类等问题做了梳理、说明和探讨。江林在《〈诗经〉与宗周礼乐文明》[④] 一书中，将《诗经》中《小雅·宾之初筵》《大雅·行苇》两篇皆分析为描写西周大射礼的篇章，这与袁俊杰在《两周射礼研究》中将《小雅·宾之初筵》分析为燕射礼不同。但其所论，也有一定根据，值得参考。

其三，对大射礼礼仪化过程进行研究。系统研究大射礼的发展变化过程，是一个很重要的问题，但迄今学术界在这方面的研

[①] 王龙正，袁俊杰，廖佳行.柞伯簋与大射礼及西周教育制度[J].文物，1998(9)：59-61.

[②] 张影舒.从柞伯簋形制看草原文明与中原文明的互动[J].宝鸡文理学院学报（社会科学版），2012(3)：33-36.涂白奎.周天子尊诸侯之称与《柞伯簋》相关问题[J].史学月刊，2010(10)：22-27.

[③] 袁俊杰.两周射礼研究[M].北京：科学出版社，2013：148-153.

[④] 江林.《诗经》与宗周礼乐文明[M].上海：上海古籍出版社，2010：110-118.

究还很薄弱。陈戍国在《先秦礼制研究》①一书中，分殷商、西周、春秋三个时期对射礼进行了断代研究，对大射礼的仪节有详细论述，他所提出的射礼也分等级、射礼的通例是在燕饮之礼中举行、大射仪的主人是宰夫而不是国君等观点，都是很有道理的。日本学者小南一郎在《论射的礼仪化过程——以辟雍礼仪为中心》②一文中，考察了射的礼仪化过程。作者认为"与射礼相关的金文，其重要的特征之一，便是可以频繁看到周王的名字，这是包括册命金文在内的其他种类的金文资料中所不常看到的现象"。"如果说礼制的本质和特定的个人无关，只在于说明一连串的仪式，则在穆王时代金文中所见的射礼，还没有完全礼仪化，可以说这是保留了礼仪固定化以前的射礼形式"。"在中国礼制形成的历史过程中，西周中期可以说是特别重要的一个时点。以这个时期为契机，以周王为中心的宗教祭祀不断政治化、仪礼化，到西周晚期，这种以周王为中心的礼制，便在相当广泛的范围内得以体系化了"。这些见解对于我们深入探讨西周大射礼的发展演变及其历史原因，有很重要的启发作用。

其四，对西周大射礼用乐进行研究。学术界对大射礼用乐的研究大都包含在礼乐文化的大课题之下，很少有专门针对某种礼仪的用乐情况做全面深入研究的课题。但通过对这些综合性课题的研究，我们可以从中窥见大射礼用乐仪程的基本面貌。杨华在

---

① 陈戍国.先秦礼制研究[M].长沙：湖南教育出版社，1991.
② 小南一郎.论射的礼仪化过程——以辟雍礼仪为中心[C]//西周文明论集.北京：朝华出版社，2004：181.

《先秦礼乐文化》[①]一书中，通过对宗周钟乐、鼓乐、磬乐的研究，对建鼓、朔鼙、应鼙等大射礼乐仪中要用到的乐器作了分类，并对它们的使用阶层以及使用场所进行了解析。在他的另一本书《古礼新研》[②]中，杨华对射礼用乐进行了具体论述，并对礼乐关系进行了深层次的讨论研究，这对我们研究大射礼用乐的内涵很有帮助。李宏峰则在《礼崩乐盛——以春秋战国为中心的礼乐关系研究》[③]一书中，对宗周嘉礼用乐进行了概括性的论述，其中对大射礼用乐也有所提及。此外，还有栗建伟的《周代五礼乐仪考》[④]、漆子扬的《〈仪礼〉乐制初探》[⑤]、江林的《〈诗经〉与宗周礼乐文明》[⑥]、郭珂《〈周礼〉乐官辨》[⑦]等文章，分别从礼制史、音乐史、文学史等不同方向对西周大射礼用乐的乐仪、乐器形制、司乐官员、演奏篇目作了或深或浅的探析，对西周大射礼用乐这一课题的继续全面深入研究有很大的帮助。

除上面所列四个研究方向之外，学者对中国古代礼制的综合研究，或对古代射礼的通论性研究，也包含有西周大射礼的研究内容。前者如杨志刚的《中国礼仪制度研究》[⑧]，述及周代大射礼名称的由来和射侯之制度。彭林的《中国古代礼仪文明》[⑨]，对周代射

[①] 杨华.先秦礼乐文化[M].武汉：湖北教育出版社，1997.
[②] 杨华.古礼新研[M].北京：商务印书馆，2012.
[③] 李宏峰.礼崩乐盛：以春秋战国为中心的礼乐关系研究[M].北京：文化艺术出版社，2009.
[④] 栗建伟.周代五礼乐仪考[D].华中师范大学，2008.
[⑤] 漆子扬.《仪礼》乐制初探[J].社科纵横，1993(4)：60-64.
[⑥] 江林.《诗经》与宗周礼乐文明[M].上海：上海古籍出版社，2010.
[⑦] 郭珂.《周礼》乐官辨[D].河南大学，2005.
[⑧] 杨志刚.中国礼仪制度研究[M].上海：华东师范大学出版社，2001.
[⑨] 彭林.中国古代礼仪文明[M].北京：中华书局，2004.

礼的种类、仪节、目的及其所反映的品德修养与人格精神等问题都有精彩论述。后者如陈春慧《论射礼兴衰与文化嬗变》[1]、卞晨《射的起源及在奴隶社会时期的发展和演变》[2]、闫小平《先秦时期礼射的功能及其演变》[3]对西周、春秋、战国时期射礼兴衰与演变进行了深入研究。其他学者的相关研究，也多涉及西周大射礼。诸如西周时代贵族的习射教育、大射礼举行的地点与场所、习射尚功之风气、以射选士和以射正心的育人观、殷礼与周礼的一贯性等等，这些问题的提出都非常值得我们重视。体育史学界还从体育史和体育文化的角度，把西周大射礼作为中国古代体育和中国古代射礼等综合性课题的一部分进行了探讨。

综观以往的学术成果，学者们在西周大射礼及其相关问题的研究上，已取得了多方面的成绩。在证实了西周大射礼客观存在的基础上，基本说明了西周大射礼礼仪的大致情况，并指出了西周大射礼与当时社会政治之间的密切关系。许多学者，结合自己的专业学科领域，就西周大射礼问题曾从不同角度进行过深入细致的探讨，提出了许多富有创见性的观点。他们尤其注意运用甲骨文、金文等古文字材料，并和文献记载相互补充，从而将西周大射礼问题的研究不断引向深入，这就为以后的研究工作提供了方法上的指导。但是除了已取得的成果之外，学术界在西周大射礼的研究方面还存在着不足之处：其一，目前学术界还没有对西

---

[1] 陈春慧.论射礼兴衰与文化嬗变[J].南京理工大学学报（社会科学版），2002(2)：20-23.

[2] 卞晨.射的起源及在奴隶社会的发展和演变[J].河北体育学院学报，2003(3)：10-13.

[3] 闫小平.先秦时礼射的功能及其演变[J].体育文化导刊，2005(7)：76-77.

周大射礼进行系统研究的专门论著；其二，对西周大射礼的某些具体问题，如西周大射礼用乐、西周大射礼的社会背景等问题的研究还不够细致。同时，在西周大射礼的学术讨论中，不少问题还存在分歧意见，需要我们去做进一步的深入探讨。另外，学者对西周大射礼虽然做了许多论述，但仍有不少疑窦和问题，也都有待我们在今后的研究中认真思考并作出合理的解释。

因此，本书致力于通过对已有文献的研究与整理，吸取先哲与时贤关于西周大射礼的学术成果，并在此基础上对西周大射礼作更为深入系统的探讨研究。具体来说，就是不仅对西周大射礼的仪节、性质、特点、功用、举行时间、用乐情况做细致的考察和深入的探讨，还要联系西周的社会发展状况，对大射礼所反映的西周社会制度的变革以及大射礼在其中所表现的历史作用与影响作一步的剖析。借此从礼制史的角度，解读与认识周代社会礼治的本质特征。此外，通过对西周大射礼用乐的深入细致研究，从乐的层面加深对西周礼乐关系的认识，对先秦尤其是西周的礼乐文化进行不同层面的分析与研究。

第一章　大射礼渊源考论

第一章　大射礼渊源考论

大射礼，乃是天子或诸侯在祭祀鬼神的大典之前，为了挑选参加祭祀的成员而举行的典礼。《周礼·夏官·大司马》郑玄注曰："大射，王将祭，射于射宫，以选贤也。"① 大射礼的形成与发展是一个漫长的过程，在这个过程中，随着社会的发展，大射礼不断地被赋予新的职能，它的仪式程序也在不停地发生变化。任何一种礼仪都不是独立于社会之外存在的，大射礼的产生是基于当时社会的政治军事需求，它的发展与成熟甚至衰落也都与社会的发展与变革息息相关。探析大射礼的源流，有助于我们对先秦社会文明进行更加深入的研究。

第一节　射礼源流考

"射"是一种原始的捕猎行为，射礼，即"射"的礼仪化结果。"射"这种行为的起源往往可以追溯到弓箭的起源，弓箭产生于远古社会，传世文献中关于弓箭起源的说法不一：《山海经·海内经》载："少皞生般，般是始为弓矢"②；《易经》与《世本》中，又记载说是黄帝时分别有人做了弓和箭③；《墨子》与《吕氏春秋》则皆作"羿作弓"④，以此看来，种种说法，无从判断。然而根据考古资料

---

① 阮元. 十三经注疏·周礼注疏[M]. 北京：中华书局，1980：839.
② 山海经·穆天子传[M]. 张耘，点校. 长沙：岳麓书社，2006：187.
③ 《易·系辞下》曰："神农氏没，黄帝、尧、舜氏作，……弦木为弧，剡木为矢。弧矢之利，以威天下。"阮元. 十三经注疏·周易正义[M]. 北京：中华书局，1980：86-87.《世本》载："挥始作弓，牟夷作矢。"王谟. 世本·作篇·世本八种[M]. 上海：商务印书馆，1957：38.
④ 吴毓江. 墨子校注[M]. 北京：中华书局，2006：4300. 吕不韦. 吕氏春秋·勿躬[M]. 陈奇猷，校释. 上海：上海古籍出版社，2002：1088.

来看，我国弓箭的最早出现时间，可以追溯到距今三万年前的旧石器时代晚期的下川文化。1963年考古工作者在山西峙峪人文化遗址，发现了一件距今两万八千年前的石箭头，这是用石头磨制的箭头，绑在木杆上作为当时射箭的用具，同时发现了制造皮革弓弦所用的细石器。发现石镞和制造皮革弓弦的细石器，标志着弓箭至少在此时已诞生。随着考古活动的深入挖掘，发现了骨镞和后来的铜镞。但弓箭的产生所代表的是"射"这种行为的成熟化，并不是它的真正起源。

在弓箭这种捕猎工具出现之前，通过射的原理来进行狩猎的行为就已经存在，这种行为即弹射，《吴越春秋》载："弩生于弓，弓生于弹。"① 弹弓的原理与弓箭的原理相似，都是利用弹力或射力来进行发射，弹力和射力系出本源，力学中有弹射力的概念存在。所以弹弓与弓箭二者的区别只在于弹弓用弹丸击打目标，而弓箭用的是箭。据《吴越春秋》卷九所载《弹歌》："断竹，续竹，飞土，逐宍。"② 诗歌以二字短句和简单的节奏，写出了砍伐竹子、制造弹弓、射出弹丸、射中鸟兽的狩猎过程。《弹歌》可能是原始人类从蒙昧时代过渡到野蛮时代的创作。如此来说，古代很早的时候就已出现了弹弓。

但弹射并不是最原始的利用射的原理运用工具来进行狩猎的方法，1953年在丁村遗址发现了一些打制粗糙的石球，1973年在许家窑文化遗址发现了大量打制较好的石球，石球大小不等。大型石球可直接用来投掷野兽，中小型的石球可用作投石带的弹

---

① 赵晔. 吴越春秋（卷五）[M]. 上海：商务印书馆，1937：196.
② 赵晔. 吴越春秋（卷九）[M]. 上海：商务印书馆，1937：197.

药。投石带的使用方法是：用兽皮或植物纤维做成一兜，兜的两头拴两根绳子，兜里放石球，使用时甩起绳子，使石球被抡起来，而后松开一根绳索，将兜中的石球对准猎物飞出，有效射程可达50～60米。石球出土的同时，还发现了大量动物化石，有野马、披毛犀和羚羊等，仅野马化石就有300多块，是许家窑人用石球猎获野马的有力证据。[①] 这种运用投石带或飞石索进行捕猎的原始的捕猎方式，在建国初期，仍然为我国西南部的一些少数民族所使用。由此看来，投石带捕猎的行为可以追溯到旧石器时代中晚期。这种投石带显然带有射的性质，但这种行为更适合被称之为"抛"。"抛"这种行为最原始的表现方式，则是仅仅利用人的身体的力量进行投掷捕猎，即最原始的抛掷石块进行捕猎到后来的投掷石矛进行捕猎，这种投掷用的石矛在海岱地区发现的旧石器中晚期遗址中已经出现。

随着捕猎技术的发展，投石带逐渐演变成射程更远、杀伤力更大、准确性更好的捕猎方式，即弹弓弹射捕猎，这种捕猎行为才是真正意义上的"射"。但不可否认的是，"抛"与"射"这两种行为，在一定意义上来说是具有承接性的，即"射"这种行为是在"抛"的基础上出现的。这样看来，射这种行为的出现过程应该是：不借助器物的原始抛掷动作（投掷石矛）—借助器物的抛射动作（投石索）—借助器物的弹射动作（弹弓）—借助器物的发射动作（引弓射箭）。弓箭的发明，标志着射这种行为的成熟。自此之后，射这种行为开始朝向两个截然不同的方向演化，一个是保持

[①] 贾兰坡，卫奇. 阳高许家窑旧石器时代文化遗址 [J]. 考古学报，1976（2）：97-114，207-212.

了射的原始性能,即其杀伤性的方向——军事化方向,另一个则是不断对射的原始性能进行弱化,最终以其他功能代替之的方向——礼仪化方向。

射的礼仪化问题,具体来说,即是射礼的起源问题。关于礼的起源问题,学术界向来有种种说法。比较有影响力的说法,大致有礼起源于祭祀说、礼起源于宗教说、礼起源于风俗说、礼起源于巫术说、礼起源于交易说、礼起源于分别说、礼起源于生产生活说以及礼起源于原始礼仪说等。纵观这些学说,究其根本,实质上是对礼的形成过程中某种因素对其的影响力的偏向性认同。

正如陈戍国先生在《中国礼制史·先秦卷》所言:"礼源于宗教,礼源于交换,礼缘情、欲而制,礼以义起,礼起于俗,都自成一说,因为它们各符合礼制史的部分实际。"[①]在不同种类的礼的起源与形成过程中,且在同一种类的礼的起源与形成的不同阶段中,主导影响力的因素往往不同。如宗教,如交际,如情欲,如习俗,这些影响力基本是由两种因素所主导的:其一,是在人与自然的互动关系中所体现出的自然因素;其二,是在人与人的互动关系中所体现出的社会因素。因此,这些关于礼的起源种种观点之间的矛盾,即是在礼的形成和发展过程中自然性和社会性哪一个属性占第一位的问题。那么单从射礼来看,自然因素与社会因素在"射"的礼仪化过程的不同阶段分别起着不同的作用,两种因素共同促成了射礼的最终形成。

---

① 陈戍国.中国礼制史·先秦卷[M].长沙:湖南教育出版社,2011:13.

作为射礼来讲，影响射的礼仪化的最原始因素是自然因素，射的最初目的是能够更容易猎取食物。杀伤力是这一时期衡量射的优劣的唯一标准，后期军队中检验射的能力也是以此为标准的。由"射"到"射礼"的礼仪化进程，其实就是射这种行为逐步脱离自然性因素主导转向社会性因素主导的过程。无论是早期杨宽先生提出的"'射礼'起源于借田猎来进行的军事训练"的论点，还是在此基础上发展成的射礼起源于狩猎或战争说，还是崔乐泉提出的射侯之礼源于氏族社会的诅咒仪式，或者日本学者小南一郎提出的射礼源于原始宗教祭祀仪式等新看法，其论断的实质，无非是不同方面的社会因素对射的导向性影响。套用陈戍国先生的说法，受到不同方面的社会因素影响的射，会发展成为不同种类的射礼。如射牲之礼起源于田猎获取祭祀所用鲜牲的仪式，射侯礼起源于氏族社会的诅咒仪式，宾射、燕射则起源于燕飨宾客臣下的娱乐仪式等。当自然因素的引导从射的发展过程中逐渐退出，射的礼仪化即在社会生活的各个方面的影响下，再一次走上不同的分支。

第二节 大射礼源流考

系统研究大射礼的发展变化过程，是一个很重要的问题，但迄今学术界在这方面的研究还很薄弱。陈戍国的《先秦礼制研究》和日本学者小南一郎的《论射的礼仪化过程——以辟雍礼仪为中心》，等等此类研究见解对于我们深入探讨西周大射礼的发展演变及其历史原因,有很重要的启发作用。

一、大射礼起源于射侯礼仪

陈戍国先生认为礼的构成要素有三:一为礼物,二为礼仪,三为礼意。这三者完备之礼,方可称之为成熟的礼。其中,礼物是行礼时所要具备的物质,如礼器、服饰等;礼仪则是使用礼物时应遵守的具有一定的稳定性的仪程;而礼意,如陈戍国先生在《中国礼制史》中所说,是"由礼物和礼仪所表达的实实在在,明明白白的内容、旨趣或目的"。[①]

就射礼来讲,其首先具备的礼物即是弓和箭,弓箭的起源在上文中已经讲过,根据考古资料来看,可以追溯到距今三万年前的旧石器时代晚期。自古流传至今的后羿射日的故事,正反映了弓箭在远古时期的人类眼中的强大乃至超凡的力量。

随着社会的发展,人们对于射的技能掌握得越来越娴熟,弓箭的杀伤力也随着制造弓箭的材料的不断升级而加强。但此时,人们已经掌握了农耕技术,获取食物的途径逐渐从狩猎转向了农业生产,影响射的自然因素的作用逐渐消退。随着部落联盟的兴起,部落联盟间军事活动增多,弓箭的作用在另一个方面逐渐体现出来,社会因素在射的礼仪化过程中占了主导地位。这时,射不仅是一种可以直接杀伤敌人的行为,而且成了一种可以间接对敌人造成伤害的巫术行为。

这就不得不引出,射礼所要具备的另一必备项目,即射的目

---

① 陈戍国.中国礼制史·先秦卷[M].长沙:湖南教育出版社,2011:7-8.

标物，也就是后期射礼成熟时期所要用到的射靶——"侯"。射的脱离其本身意义的内涵的最早记录，就是带有巫术性质的一次巫射。据1973年发现的湖南长沙马王堆帛书中古佚书《十六经·正乱》中记载："于是出其锵钺，奋其戎兵。黄帝身禺蚩尤，因而擒之。剥其□革以为干侯，使人射之，多中者赏。"① 这段文字正是描写了黄帝战胜蚩尤之后所进行的庆祝胜利进而威慑天下的举动。将蚩尤的皮做成干侯，让人拿弓箭去射，射中多者还有奖赏。干侯此物据《仪礼·大射仪》所载，为"士"所射之靶。干通"豻"，郑玄注："豻，胡犬也"②，即北方的一种似狐的野狗，干侯也就是用野狗皮蒙的箭靶。用蚩尤的皮代替野狗皮来蒙箭靶，除有羞辱之意外，也能通过这种仪式来镇压蚩尤的亡魂。从文献记载来看，这种以射来厌胜诅咒的手法，在古代是很常见的巫术手段。《史记·殷本纪》载："帝武乙无道，为偶人，谓之天神。与之博，令人为行。天神不胜，乃僇辱之。为革囊，盛血，仰而射之，命曰'射天'。武乙猎于河、渭之间，暴雷，武乙震死。"③ 武乙用射盛血的革囊的行为来侮辱天神，具有巫术诅咒的性质。上述有巫术性质的射侯之礼，之所以称其为礼，正是因为它已经具备了陈戍国所说的礼的三要素中最关键的一点，即礼意，也就是举行射侯之礼的意旨。这种意旨虽然带有巫术性质，且看似十分荒诞，但对于当时举行仪式的人来说，它是严肃的、有效的，且可以达到

---

① 湖南省博物馆，中国科学院考古研究所.长沙马王堆二、三号汉墓发掘简报[J].文物，1974(7)39-48，63，95-111.
② 阮元.十三经注疏·周礼注疏[M].北京：中华书局，1980：845.
③ 司马迁.史记[M].北京：中华书局，1999：76.

一些目的的。

  大射礼正起源于这种以巫术来伤害敌人的射侯礼仪，《礼记·射义》曰："故天子之大射，谓之射侯。射侯者，射为诸侯也，射中则得为诸侯，射不中则不得为诸侯。"①"是故古者天子以射选诸侯、卿大夫、士。"② 这时的射侯已经逐渐脱离了原有的巫术性质，只是单纯的箭靶。这两者的转变，其实夹杂了一个射"不宁侯"的发展过程。《仪礼·大射仪》郑玄注说："《狸首》……狸之言'不来'也，其诗有'射诸侯首不朝者'之言，……侯谓所射布也。尊者射之，以威不宁侯；卑者射之，以求为侯。"③ 最初的射侯礼仪，其行射的目的中，震慑"不宁侯"的成分居多，因为其巫术诅咒性质的影响尚未消退。但当射礼发展到成熟期，也就是不主皮之射的时期，射侯的目的中这种射"不宁侯"的成分慢慢减退，完全转变成《礼记·射义》中所记载的射为诸侯的目的。主皮之射注重的是射本身，而不主皮之射则是将射作为一种手段，其内涵可以随着举行射礼的目的的改变而改变，并不拘于射技本身的优劣，讲求"发而不中""反求诸己"④。射这种行为与人自身的道德修养联系到一起，正是射礼成熟期的最突出的表现。而大射礼中出现的以乐节射的行为，则正是射礼成熟的标志之一。

  西周可谓是所有礼仪的发展成熟期，大射礼也不例外。据西

---

① 孙希旦. 礼记集解 [M]. 北京：中华书局，1989：1438.
② 孙希旦. 礼记集解 [M]. 北京：中华书局，1989：1438.
③ 阮元. 十三经注疏·仪礼注疏 [M]. 北京：中华书局，1980：845.
④ 孙希旦. 礼记集解 [M]. 北京：中华书局，1989：1438.

周金文与《诗经》等文献的记载来看，西周时期的大射礼有了较为鲜明规范的礼仪程序，有了较为固定的参加人员，有了严格按照等级规制使用的弓箭、侯靶，最重要的是，西周大射礼将射这种行为彻底进行了规范化，并且将其与乐相结合，完成了射的礼仪化。据文献记载来看，西周时期的大射礼都是由周天子主持或参与的，从大射礼起源于射侯礼这一点来看，大射礼由天子主持参与并不难理解。射侯目的由诅咒敌人转变成"射为诸侯"，成为国家选才的途径，这个途径理所应当地掌握在周天子手中。而"射为诸侯"这一选才途径，在周朝平定四方后，也逐渐失去其价值。大射礼的目的随之转变，大射礼最终成为天子或诸侯参加祭祀前为选择助祭人员而举行的射礼，虽然其目的仍有一定的选才成分，但已经不像"射为诸侯"那样明确了。此外，根据春秋时期的礼书《仪礼》的记载来看，周代是有诸侯大射礼存在的，但关于西周的文献，无论是出土文献还是传世文献中，都没有诸侯大射礼的相关记载。根据上述大射礼的起源过程来看，在大射礼的刚形成阶段，也就是西周初年，诸侯是不具备行大射礼的权力的。当大射礼的举行与诸侯的封赏逐渐脱离关系，诸侯才有了行礼的可能。《仪礼》所记载的诸侯大射礼仪节已非常成熟，应该不是一蹴而就的，应该有一段发展过程，这段过程应该是从西周中后期开始的。

二、商代王射与西周大射礼

夏代的射礼尚属于巫射的范畴，据《离骚》记载，夏启继承其父的王位，遭到了益的反对，益对启实行巫射，用来诅咒他，但是没有起到什么作用。但到了商代，则出现了多种类型的射礼，如射侯、射帝、射牢、贵族子射等。但与后世大射礼关系最为密切的，当属商代王射，王射为商王亲自参与的射礼类型，与后来的大射礼有共同之处，可以说西周大射礼即是在殷商王射的基础上形成的。关于商代王射的文献，较为著名的即是商代晚期青铜器——作册般铜鼋上镌刻的一片铭文。

作册般铜鼋，是国家博物馆于 2003 年征集到的一件商代晚期青铜器。该器的器型作鼋形，不同于以往经常发现的类兽形实用性青铜器（如四羊方尊或虎食人卣），这件青铜器是作为单纯的礼器而被制作出来的。器身着四只箭镞，鼋的头部一只，鼋的背部三只，背甲中间部位刻有铭文四纵行，第一行 7 字，在第 6 字与第 7 字之间有箭头一处，占一字大小。第二行 9 字，第三行 8 字，第四行 9 字。铭文排列不齐，字体波磔明显，反映了商代青铜器铭文的特征。

关于作册般铜鼋的断代，学界有以下讨论。

首先，从器型上来讲，作册般铜鼋的器型较为特殊，是一个没有腹地的空腔青铜器，看起来没有任何实用价值。商代铜器一般可按用途分为礼器、兵器、工具、车马器等，作册般铜鼋从它的外形上来看，应该是有纪念意义的礼器。商代铜礼器一般分为炊器、食器、酒器、水器和乐器，很少见像作册般铜鼋这样的没有实际用途的铜器。铜鼋的器型是以鼋的形象铸成的，这符合商代晚期盛行以鸟兽形象铸成的铜礼器的特点，如湖南宁乡出土的四羊方尊、虎食人卣。那么从器型上断代，铜鼋应该是商代晚期的作品。

其次，从铭文字体上来讲，商代早中期铜礼器鲜有铭文，有铭者多做图形状文字或族徽（如殷墟武官村大墓E9爵、N4戈），商晚期才出现几十个字的短片铭文，且字体多有波磔（如殷墟后岗杀殉坑圆鼎）。因此李学勤先生认为铜鼋的铭文字体是商代末期的风格。[1]朱凤瀚先生也认为该铭文字形"具商晚期晚叶的金文特征"，并据此推断铜鼋的铸成年代"当在商晚期晚叶，约在帝乙、帝辛时代"。[2]

最后，从铭文内容上来讲，文中的"作册般"之名曾见于另外两件商代晚期青铜器的铭文，一件是作册般甗，该器铭文中提到"王宜人方，无敄，咸，王赏作册般贝"（《集成》944）。铭文中所谓"王宜人方"事件，指的就是商代末年，商王帝乙、帝辛两代，曾长期与东南的夷人部族发生战争的事情。"宜"据《尔雅·释天》解释："起大事，动大众，必先有事乎社，而后出谓之宜。"[3]因此，"王宜人方"指的就是王对征讨人方这件事情进行占卜的结果是"宜"，基于这个结果，商王对进行卜筮的作册般等人进行了赏赐，这样来看，作册般应为商王帝乙、帝辛时代可以进行卜祝的史官。另一件青铜器作册丰鼎的铭文中，也提到了商王对作册般的封赏，因此可以断定，作册般铜鼋应是商代晚期商王帝乙、帝辛时代的作品。

---

[1] 李学勤.作册般铜鼋考释[J].中国历史文物，2005(1)：67-70.
[2] 朱凤瀚.作册般鼋探析[J].中国历史文物，2005(1)，6-10，89-90.
[3] 尔雅[M].郭璞，注.杭州：浙江古籍出版社，2011：39.

作册般铜鼋背甲中部有铭文 4 行 32 字：

"丙申，王迖邘（于）洹，隻（获）。王射，奴射三，率亡（无）灋（废）矢。王令（命）寝馗兄（贶）邘乍（作）册般，曰：'奏于庸，乍（作）。'母（毋）宝。"

铭文大体可释义为：丙申日，商王在洹水涉猎鼋，射获。商王先进行射猎，随从又协助商王射了三次，皆无虚发。商王命管理宫寝的官员（将鼋）赐给作册般，说："将此事铭记在庸器上，赐给你作为宝物。"从作册般铜鼋的铸造形制与这段铭文内容，可以看出，这是一次典型的商代王射射礼，而不是普通的田猎。

铜鼋所记载的整个行射活动是以商王为中心的，但仅凭商王的参与，并不能断定作册般铜鼋所记行射活动可以称之为"礼"。区分行射活动是否为"礼"，主要可从两个方面来论证：其一，根据此活动的目的来判断。如果商王举行这种行射活动的目的只是为了获取猎物，那么这次活动就只是寻常的狩猎活动或者军事训练；其二，根据此次行射的目标物来判断，如果此次行射的目标物——鼋，是作为猎物的存在的，那么这次行射活动即是一次田猎活动，如果鼋是作为"侯"存在的，那么这次行射则明显具有礼仪性。

首先，判断这次行射活动的目的，要从作册般铜鼋本身来看，鼋便是商王在此次行射活动中的猎物，而鼋这种动物许慎在《说文》中曾给出解释："鼋，大鳖也。"[1] 在商人眼中，这种体态庞大

---

[1] 许慎. 说文解字 [M]. 北京：中华书局，1963：285.

的龟类一向是具有某种神圣意义的。《史记·殷本纪》中说:"天既讫我殷命,假人元龟,无敢知吉。"马融曰:"元龟,大龟也,长尺二寸。"孔安国曰:"大龟以神灵考之,皆无知吉者。"① 由此可知商代是龟卜文化繁荣的时代,龟在商人看来是通灵的灵物,对于像鼋这种的大型龟类,是不能够随意捕杀的。因此,如果这是一次普通的狩猎活动,猎物应不至于是鼋这种有神圣含义的对象。基于这个判断,这次商王的狩猎应该是出于某种带有特殊含义的目的的,可以划分到"礼"的范畴。

其次,在关于鼋的性质的问题上,有学者认为,此鼋不是作为猎物而被商王猎取的,而是被抓到后,作为固定靶以供商王行射。持此观点者最重要的依据是,按照铜鼋身上所插铜箭镞的射入方向来判断,该鼋应是被人迎头击射,这与正常狩猎过程中猎物向前奔跑,射猎人后方追射的情况正好相反,所以大鼋应该是被固定在某位置上,供商王行射。那么,这就更进一步地说明了商王此次行射活动的合"礼"性,因为被固定起来的鼋,在这次行射活动中的作用接近于前面提到的射侯礼中的"侯",也就是射箭所用的固定靶。射固定靶的行射活动,已经很明显地脱离了田猎的范畴。

综合前面所言,《作册般铜鼋》所记载的此次行射活动,可以明确地说是一次王射射礼。可以从两个层面上说,这次王射对西周大射礼是有一定影响的。其一,从行射的主持者来说,商王的主导地位在铭文中得到了很明显的体现。首先,铭文的记载以王

---

① 司马迁.史记[M].北京:中华书局,1999:78.

为主人公，明确了王在此次射礼中的主人公地位；其次，射箭时，由王射第一箭，说明本次射礼的主要参射者即商王；最后商王对于使用完的侯的处置权，说明了商王是本次射礼的主持者。而西周大射礼，早期大射礼的主持者，也是周王，比如在康王时期的柞伯簋上的铭文所记载的大射礼中，周王既是主持者，他不仅在射前对参射者宣讲命辞，而且在射后还要颁布奖励。再者《周礼》中有记载天子行射时以《驺虞》之乐节射，这就说明周王也是参加行射过程的。所以说，由天子主持并参与射礼，应该是西周大射礼对商代王射的继承。

其二，从有关射礼的专有名词来看，作册般铜鼋中出现的"获"与"亡废矢"，都在后来的西周大射礼的相关文献中出现过，"获"即射中之意，在西周记载大射礼的金文中和《仪礼·大射仪》都作为射礼专用术语出现。"无废矢"据袁俊杰在为柞伯簋的铭文"无废矢"释义时认为，这个术语即是传承自商代的射礼术语，意思为"作废不计算成绩的箭"。[①] 由此看来，西周大射礼的有些术语确实是传承于商代射礼。

综上所述，"射"这种行为演变成射礼的过程，是一个在多种因素共同作用下的发展过程。在其礼仪化的进程中，不同种类的射礼在不同主导因素的影响下逐渐形成，最终彻底脱离"射"的原始特性，成为重要的礼仪性社会活动。大射礼在这个过程中，萌芽于巫术性的"射侯"行为，并随着社会需要不断地进行发展调整。

[①] 袁俊杰.两周射礼研究[M].北京：科学出版社，2013：94.

西周大射礼是在射侯礼的基础上发展起来的，并且对商代王射有所传承。从大射礼的形成、发展到成熟的过程中，我们不难看出社会因素对其的深刻影响，这也从一个方面说明，成熟礼仪是一个社会在制度层面的反映，随着社会的不断发展，礼仪也在不停地发生嬗变。西周大射礼行礼意旨的变化，以及其在西周中后期发生的由上而下的位移，则是对社会变迁的真实体现。

第二章　出土文献中的西周大射礼

第一节　柞伯簋与西周大射礼

西周金文里有一批射礼铭文，其中记载大射礼比较完整，又比较专门的铭文有两篇，分别是出土于1984年的义盉盖的铭文与出土于1993年的柞伯簋的铭文。

柞伯簋，1993年出土于河南平顶山应国墓地M242，现藏于河南博物院。该器高16.5厘米，敞口，短颈，腹部外鼓，与传统的青铜簋相比，柞伯簋的造型更为优美，簋的圈足下添加了一个喇叭形的支座（图2-1），簋内底铸有长篇铭文8行74字（图2-2），释文如下：

> "惟八月辰在庚申，王大射在周。王命南宫率王多士，师□父率小臣。王迟（㘨）赤金十钣。王曰：'小子，小臣，敬又决，获则取。'柞伯十称弓，无废矢。王则畀柞伯赤金十钣，遂锡柷虎。柞伯用作周公宝尊彝。"①

图2-1　柞伯簋　　　图2-2　柞伯簋铭文

---

① 刘雨. 近出殷周金文综述 [J]. 故宫博物院院刊，2002(3)：8.

一、柞伯簋年代考

学界将柞伯簋的年代大体定在西周早期，康、昭之时。从器型来看，该器器型为敞口，斜方唇，短颈内束，浅腹外鼓且向下倾垂，腹部一对龙首形耳，下垂珥，浅圈足下一喇叭形支座。通过该器形制来看柞伯簋的形制与康王时期的臣谏簋、昭王时期的过伯簋、辨簋等较为接近。

从纹饰字体来看，器身所饰饕餮纹，是商末周初铜器上的常见纹饰。铭文字体属西周早期金文习见的"波磔体"，尤其近似于大盂鼎铭，其铭文中"辰在庚申"的记日记时方式同康王时期的大盂鼎、宜侯夨簋及昭王时期的令方彝等铭文，作为人称的南宫见于成康时期的保侃母簋，还有康王时期的中方鼎、中觯等的铭文中。这些器物的时代均比较接近，皆在成康时期。

从发掘情况来看，该器器主为柞伯，柞应是文献中的胙国。柞伯簋是胙国铜器，却随葬在应国墓地，当是此簋作为礼物送给应国贵族，即 M242 墓主人的。应国和胙国同是姬姓国，西周早期两国的关系应较为亲密。胙是周公某一庶子的封地，《左传·僖公二十四年》云："凡、蒋、邢、茅、胙、祭，周公之胤也"，[①] 铭文末尾"作周公宝尊彝"[②] 也印证了这一点。铭文中参加此次射礼的柞伯，发掘者认为应是胙国始封君的嫡长子，李学勤先生则认为应是第一代柞伯，这一点从末尾的铭文中可以看出。[③] 在周公诸

---

① 杨伯峻.春秋左传注 [M].北京：中华书局，1981：423.
② 刘雨.近出殷周金文综述 [J].故宫博物院院刊，2002(3)：8.
③ 李学勤.柞伯簋铭考释 [J].文物，1998(11)：69.

子封国所铸铜器之铭文中还有这样一个规律：凡是"用作周公宝器"者，作器者都是该国的始封君、周公之子，如邢侯簋等。凡不是"用作周公宝器"，而是用作文考、烈祖、皇考等宝器者，作器者都是该国的继任者、周公的孙辈后代，亦即周公儿子的子孙后代，如鲁侯熙鬲、鲁伯悆盨、柞伯鼎等。因此此处柞伯应该是胙国的始封君，据袁俊杰考证，乃是周公的庶出第七子，即柞伯鼎的主人"幽叔"。①

综上所述，考虑到此器的纹饰字体更接近西周初年、成康之际，并且参加此次射礼的乃是始封柞伯等因素，应将该器的年代定在康王时期为宜。

二、柞伯簋铭文考释

柞伯簋的铭文记录了周康王在周都举行大射礼的过程，铭文共74字，笔者对该器铭文做以下释读：

"惟八月辰在庚申"，此句乃是金文中的一种记日记时方式，李学勤先生指出这种纪日方式只流行于西周早期后半至中期，如昭王时令方尊、方彝的"惟八月辰在甲申"。②辰，古代较为隆重的礼仪活动，大多都是从辰时开始，此处之"辰"，有说是指辰时，即早晨七点到九点，也有说是清晨之意，时间在七点之前。鉴于《仪礼·大射仪》中记载在大射礼开始之前还要有司宫布置场地的时间，那么，此处将"辰"释为辰时较为合适。

"王大射在周"，此处明确提出此次射礼的性质为大射礼，

---

① 袁俊杰. 两周射礼研究 [M]. 北京：科学出版社，2013：92.
② 李学勤. 柞伯簋铭考释 [J]. 文物，1998(11)：67.

"在"此处训为"于"。"周"指宗周，即镐京，是周王居住和理政的中心。

"王命南宫率王多士，师🐢父率小臣"，"南宫"见于成康时期的保侃母簋、康王时期的中方鼎、中觯等的铭文中，李学勤先生认为此处南宫不是称名，应系周朝王子，而不是南宫氏。"王多士"，"多士"指卿、大夫、士，《尚书》有"多士"篇，其中的"多士"指殷商众臣，《诗经》的《大雅》和《颂》中也有"多士"之称，指的也是卿、大夫、士等臣子。"师🐢父"，李学勤先生认为此处为"师🐢父"，"师"乃官长之称，"🐢"字曾见于殷商甲骨金文。①"小臣"，据《仪礼·大射仪》所载，"小臣"与"仆人"一样，属于射礼上的执事人员，小臣的长官为小臣正，小臣从属于大仆，大仆又是司马的属官，司马主管射政。这样看来，南宫很有可能任司马之职，师🐢父即为大仆或小臣正。

"王迟赤金十钣"，"迟"，李学勤释为"迟"，训为待②；刘雨先生释为"夷"③，陈剑认为"迟"当读为"尸"或"矢"，训为"陈"④，袁俊杰则释为"䢅"从"彳"，读作"夷"，与迟、尸相通，为陈设、安放之义⑤。"赤金"，《尚书·禹贡》上有"惟金三品"的记载，赤金在西周时属于贵重金属，周王常常用其赏赐诸侯臣子。"钣"，赐金的量词，《尔雅·释器》曰："鉼金谓之钣。"⑥

---

① 李学勤. 柞伯簋铭考释 [J]. 文物, 1998(11): 68.
② 李学勤. 柞伯簋铭考释 [J]. 文物, 1998(11): 68.
③ 刘雨. 近出殷周金文综述 [J]. 故宫博物院刊, 2002(3): 8.
④ 陈剑. 柞伯簋铭文补释 [J]. 传统文化与现代化, 1999(1), 52-53.
⑤ 袁俊杰. 两周射礼研究 [M]. 北京: 科学出版社, 2013: 131.
⑥ 尔雅 [M]. 郭璞, 注. 杭州: 浙江古籍出版社, 2011: 34.

"王曰：'小子、小臣，敬又🜚，获则取。'"李学勤先生认为，此处"王曰：'小子'"与其后内容不连读，认为"小子"乃是周王作为长上者称呼他人的口吻。①后面释为"小臣敬又决，获则取"，"决"也作"夬"，乃是钩弦时使用的扳指，此句意为执事的小臣已经准备好扳指，意指可以开始射箭。"获则取"，"获"，《仪礼·乡射仪》郑玄注云："射者中则大言获"②，"获"即是射中箭靶，因此取得周王所置的赏金。徐锡台先生③与宋镇豪先生④皆认为此处应连读，认为"小子、小臣"乃是天子对参加射礼人员的泛称。"🜚"字，刘雨先生释为"佑"⑤，陈剑认为此字应读为"贤"⑥，在古代有"胜过"之意，原句应连读为"敬又🜚，获则取"释为，仪态恭敬且射中又多的人获得奖励。冯时释读为："小子、小臣，敬有叉，获则取。"认为"叉"读为"挟""有"训为"其"。"敬有叉"即"敬有挟"，意即敬其射。⑦但"叉"字的篆文字形与"🜚"字差别明显，故此释义仍需推敲。袁俊杰则综合前人所言提出了新的释义，他认为该命辞应断读为："王曰：'小子、小臣，敬又🜚（叚），获则取。'"⑧"🜚"字多出现在甲骨金文中，郭店楚

---

① 李学勤.柞伯簋铭考释[J].文物，1998(11)：68.
② 阮元.十三经注疏·仪礼注疏[M].北京：中华书局，1980：1003.
③ 徐锡台.应、申、邓、柞等国铜器铭文考释[C]//容庚先生百诞辰纪念文集(古文字研究专号)，广州：广东人民出版社，1998：348.
④ 宋镇豪.从新出甲骨金文考述晚商射礼[J].中国历史文物，2006(1)：15.
⑤ 刘雨.近出殷周金文综述[J].故宫博物院院刊，2002(3)：8.
⑥ 陈剑.柞伯簋铭文补释[J].传统文化与现代化，1999(1)，52.
⑦ 冯时.柞伯簋铭文剩义[J].古文字研究二十四辑，北京：中华书局，2002：226.
⑧ 袁俊杰.周射礼研究[M].北京：科学出版社，2013：93.

简释其为"臤",《说文解字》云:"臤,坚也……古以为贤字。"①故此处"臤"读为"贤",是牢固、坚固之义,于柞伯簋铭文来说,可译为持弓矢审固,"敬又臤"则是对行射者提出了心态和技能上的双重要求,既要保持心态上的恭谨,又要持弓审固。对于这段铭文的争论,其实基本是两个问题,其一,周王的这段命辞面向的对象到底是谁?其二,小臣在这段命辞中的身份是什么?是参射者,还是执事人员?李学勤先生认为这只是针对柞伯的一段命辞,但本次射礼绝不会只有柞伯一人参射,周王射前只对柞伯一人许诺奖励显然是不符合礼的,因此这段命辞应该是面向全体参射者。②如此一来,关于小臣身份的问题也就顺理成章了,小子、小臣在这里是对参射者的统称,小子指的是前面提到的"王多士",也就是有爵位的卿大夫,冯时认为进一步讲是周王室子弟中的得爵者,小臣则是指王臣,二者皆是此次射礼的参射者。③

"柞伯十称弓,无废矢",柞伯即前文推断的本铭的作者,即胙国的始封君,周公的庶子。"称弓","称"训为举,即举弓。"无废矢",李学勤先生认为"废"即"堕也","废矢"即掉到地上的箭。④发掘者则认为,"废矢"即为没有射中侯的箭。袁俊杰认为"无废矢"应是射礼上的专门术语,是从商代作册般铜鼋的铭文"亡废矢"延续过来的,周代射礼是对商代射礼的继承,应

---

① 许慎.说文解字[M].北京:中华书局,1963:285.
② 李学勤.柞伯簋铭考释[J].文物,1998(11):68.
③ 冯时.柞伯簋铭文剩义[J].古文字研究二十四辑,北京:中华书局,2002:226.
④ 李学勤.柞伯簋铭考释[J].文物,1998(11):69.

将其释为"作废不计算成绩的箭"。① 这种释义涵括了前两种情况，较为合理。

"王则畀柞伯赤金十钣，遂锡柷虎"，"畀"，乃是君主古代赐予臣仆物品的方式，即"与也""予也"，就是给予的意思。"柷虎"，李学勤先生释为"柷虎"，认为这就是《吕氏春秋·仲夏纪》"伤钟磬柷敔"中提到的乐器"柷敔"。② 高诱注云："柷如漆桶，中有木椎，左右击以节乐；敔，木虎，脊上有钼铻，以杖拆之以止乐。"③《礼记·王制》有云："天子赐诸侯乐，则以柷将之。"④ 因此天子在大射礼结束后，将现场的乐器赐予诸侯的做法是合礼的。关于"柷虎"，亦有不同释义，袁俊杰认为应释为"祝见"，⑤ 殷墟甲骨文中即有"祝"字，乃是商王进行田猎的地名，因此此处之"祝"应该也是地名，郭沫若先生认为此地应在沁阳附近。⑥ 而"见"则与"监"同义，周灭商后，常常在商及其属国设监，《礼记·王制》云："天子使其大夫为三监，监于方伯之国。"⑦ 因此袁俊杰认为，"见"应是官名，为周王派到应地的监管者。⑧ 但此说推测成分太大，柞伯本为诸侯，周王如果想要奖赏他，应该增益其封地，让一个诸侯去作一地之监之事并非常例。因此此处释为"柷虎"，解为乐器"柷敔"较为合理。

---

① 袁俊杰.两周射礼研究 [M].北京：科学出版社，2013：136.
② 李学勤.柞伯簋铭考释 [J].文物，1998(11)：69.
③ 许维遹.吕氏春秋集释·卷五 [M].北京：中国书店，1985：2.
④ 杨天宇.礼记译注 [M].上海：上海古籍出版社，2014：148.
⑤ 袁俊杰.两周射礼研究 [M].北京：科学出版社，2013：95.
⑥ 郭沫若.郭沫若全集考古编第2卷 [M].北京：科学出版社，1983：504.
⑦ 杨天宇.礼记译注 [M].上海：上海古籍出版社，2014：145.
⑧ 袁俊杰.两周射礼研究 [M].北京：科学出版社，2013：138.

综上所述，这段铭文可以译为：臣仆人。王悬赏十块饼金，对参射者说："大家要态度恭谨、持弓审固，谁能射中，就取走饼金。"柞在八月庚申这一天辰时，周王在宗周镐京举行大射典礼。王命南宫率领朝中各位卿大夫士，命师🐢父率领小伯十次举弓，没有一箭脱靶，王于是把十饼赤金给了柞伯，另外又赏赐一套乐器枳敔。柞伯于是铸器祭祀其父周公，以为留念。

三、柞伯簋与西周大射礼

柞伯簋是继1984年出土的义盉盖后，又一次出现的，明确点出射礼类型为大射礼的青铜器铭文，它的出现对义盉盖上所记载的大射礼的种种作了印证和补充，丰富了大射礼在金文方面的材料。

首先，从举行大射礼的时间上来看，本次大射礼在周历八月举行，这与静簋所载六月学射、八月行射的时间相符。《周礼·夏官·诸子》云："春合诸学，秋合诸射，以考其艺而进退之。"[①]本次射礼的举行是符合文献中记载的"秋射"的常例的。但本次射礼的性质为大射，这就说明此次射礼是为选拔参加祭祀的助祭者而举行的。《礼记·月令》记载，季秋之月，"是月也，大飨帝，尝牺牲，告备于天子。"[②]这样看来，九月是有大飨礼要举行的，那么本次大射礼很可能就是为了选拔九月大飨礼的助祭人员而举行的。

其次，从举行大射礼的地点上来看，本次大射礼在宗周举行，

[①] 孙诒让.周礼正义[M].陈玉霞，王文锦，校点.北京：中华书局，1987，2479.

[②] 杨天宇.礼记译注[M].上海：上海古籍出版社，2014：205.

即周都镐京。按照文献记载，周天子的行射场所一般在射宫，杨天宇先生认为，射宫即在都城之中，因此本次大射礼具体来说，是在周都镐京中的射宫举行。

再次，从本次大射礼的参射者来看，周王虽然是本次大射礼的主持者，但却并不参射，本次参射者是周王室子弟中的得爵者（柞伯即在此列）与周王的王臣。袁俊杰认为这些参射者是分成两队竞射的，而南宫与师䚅父分别是"王多士"与"小臣"的领队，匹耦之时两队分别为上射下射。①这种说法与文献记载有所出入，因此只作一种可能来看。

最后，从本次大射礼的仪程来看，本次大射礼的仪程有：竞射队员入场、陈列奖品、周王致命辞、比射、颁奖与赏赐。与《仪礼·大射仪》对比来看，这差不多就是"三番射"的过程，但与三番射后"胜者饮不胜者"的奖励不同，柞伯簋所记的奖励显然更为丰厚，更具有实际意义。而且，"三番射"时，胜负是按照两队的集体成绩优劣而断定的，但铭文中柞伯的得奖情况则显示柞伯簋所记载的此次大射礼，是按照个人成绩颁赐奖励的。

第二节 义盉盖与西周大射礼

1984年中国社会科学院考古研究所沣西工作队在陕西沣西地区一周代墓葬中发现了一件盉盖，该器器身缺失。盖为圆穹形，沿内折作子口。顶部有半环钮，一侧有半环鼻，其上附一节残链。

---

① 袁俊杰.两周射礼研究[M].北京：科学出版社，2013：95.

周缘饰云雷纹填底的鸟纹带，上下各有一道弦纹（图2-3）。盖内有铭文5行51字（图2-4），其中合文一，重文一曰：

"隹十又一月既生霸甲申，王在鲁，乡即邦君、诸侯、正、有司大射，义蔑历，眔于王迹，义易贝十朋，对扬王休，用乍宝尊盉，子子孙其永宝。"①

图 2-3　义盉盖　　　　　图 2-4　义盉盖铭文

一、义盉盖年代考

义盉盖的年代，学界一般界定于西周中期。从义盉盖的器物形制来看，此盖子口、圆穹形盖，盖顶有半环钮，一侧有半环鼻，

---

① 中国社会科学院考古研究所.殷周金文集成（修订增补本）[M].北京：中华书局，2007：5346.

半环鼻中有残链。圆穹形盖、盖顶半环钮正是西周早中期青铜盉的特征，其形制与穆王时铜器长由盉类似。

从此器的纹饰来看，鸟纹的空隙处填以云雷纹。云雷纹是青铜器上最基本的几何图案，大量出现在殷墟初期的青铜器上。这种将云雷纹填充在主纹的空隙中的纹饰风格，主要出现在商代晚期和西周早中期的青铜器上，这种纹饰风格的云雷纹低于主纹，起到陪衬作用（如1973年清江吴城正塘山出土的商晚期云雷纹罍）。再者鸟纹等动物纹开始由配饰的地位上升为主纹，正是西周中期的青铜器纹饰的一大特征。

从此器的铭文字体来看，西周早期铭文字形端严拘谨，字体波磔，但此篇铭文笔道有肥笔和首尾出锋的现象，运笔舒展，间架亦较自然，显示出西周中期铭文的特点。就总体而言，该铭文符合穆王时期铭文字形小，规整而清秀的特点。综合以上因素，义盉盖的年代宜定在西周中期前段。如果考虑上述铭文字体特征，当以西周中期穆王之时为妥。

二、义盉盖铭文考释

义盉盖铭文记载了周王在鲁行大射礼的史事，这对于研究西周时期的大射礼有重要意义，刘雨先生曾对该器铭文作了初步解读，后《殷周金文集成》一书又对其铭文作了全面释读，袁俊杰在《两周射礼研究》中也对本篇铭文进行了综合考释，本书在此汲取各家意见，整合各种解读，对这篇铭文进行更进一步的释读。

"隹十又一月既生霸甲申"，"隹"字解作"惟"，于文首表发端，属于语气词，柞伯鼎有"隹三月"，不其簋有"隹九月初吉戊申"，"隹"皆用在句首日期之前，并无实意。周历以建子之月为首岁，周历十一月即夏历九月，序数三秋。"既生霸"，"霸"指月为盛明时所发出的光，据王国维《生霸死霸考》所考，"既生霸"乃"谓自八九日以降至十四五日也"[1]，也就是自上弦月至满月的一段时间。那么根据语序来说，接下来的"甲申"指的就是这段时间中的具体某一日，即十一月的甲申日。

"王在鲁"，蔡尊的铭文中有同样的句子："王在鲁，蔡赐贝十朋，对扬王休，用作宗彝。"[2] 顾颉刚先生认为此处"王"指周公，并言明"列代周王，无论在西周或东周，都没有到过鲁国"。[3] 蔡尊乃是西周初年的青铜器，义盉盖则是西周中期，刘雨认为此处"王"乃指周王无疑，[4] 袁俊杰更是进一步指出，此处周王可能是指周穆王，[5] 这就打破了顾颉刚先生的断言，而蔡尊所载之"王"，也就很有可能是有些学者提出的周成王。周之鲁有二，初为鲁山之鲁，后为伯禽封地之鲁，但有宗庙可祭，能使周王为祭祀而举行大射礼的鲁，必定为后者，故此处鲁即指鲁国。

"乡即邦君、诸侯、正、有司大射"，"乡"取自《中国科学院发掘简报》，但刘雨、《殷周金文集成》、袁俊杰皆释此字为"卿"。

---

[1] 王国维.生霸死霸考[M]//罗振玉.雪堂丛刻：五十二种，1915.
[2] 中国社会科学院考古研究所.殷周金文集成(修订增补本)[M].北京：中华书局，2007：4421.
[3] 顾颉刚.周公执政称王[J].文史23辑，北京：中华书局，1985：1.
[4] 刘雨.西周金文中的射礼[J].考古，1986(12)：1115.
[5] 袁俊杰.两周射礼研究[M].北京：科学出版社，2013：108.

"𫊸"字李学勤先生读为"会"①,唐兰先生读为"合"②,《殷周金文集成》读为"佮"③。此字还见于静簋、鄂侯驭方鼎、令鼎的铭文中,这三篇铭文恰好也是记录射礼的铭文,因此"𫊸"字应是射礼中的专用名词,袁俊杰认为此字应该读为"佮",训为合,其义与《周礼·夏官·大司马》所载大司马"若大射,则合诸侯之六耦"之"合"相同。④联系上下文,此处"𫊸"字确有匹合射耦之义。"即",读为"佽",佽助,即辅助。"邦君"与"诸侯"文献中多训为同义,但唐兰、刘雨等都认为其二者是有所区别的,唐兰认为邦君是王畿里面小国的国君,⑤刘雨则认为邦君与诸侯的区别应是是否接受了周王封建,⑥根据商周时期的国情来看,刘雨的说法更为值得参考。在很多文献中"邦君"与"诸侯"往往并称,二者地位应该相近,商周时期边疆地区有许多邦国存在,鲁国的周围就有许多并未受封爵位的邦国,如邾国、莒国等,这些邦国的国君并未受周王封爵,不能称其为"诸侯",故而称之为"邦君"。"正"即正长,为官员的泛称,《仪礼·大射仪》记载,诸侯行大射时,小臣之长为小臣正,仆人之长为仆人正,可知"正"确实是官员之长的泛称。"有司",司即掌管,《仪礼·士冠礼》云:"有

---

① 李学勤.柞伯簋铭考释[J].文物,1998(11):69.
② 唐兰.西周青铜器铭文分代史徵[M].中华书局,1986:357、395、231.
③ 中国社会科学院考古研究所.殷周金文集成(修订增补本)[M].中华书局,2007:3416.
④ 袁俊杰.两周射礼研究[M].北京:科学出版社,2013:149-150.
⑤ 唐兰.西周青铜器铭文分代史徵[M].中华书局,1986:463.
⑥ 刘雨.西周金文中的射礼[J].考古,1986(12):1115.

司如主人服",郑玄注曰:"有司,群吏有事者",①故"有司"即掌管与射礼相关事务的官员。刘雨认为,这些官员职位应在"正"之下,和"正"一样都是周王的下属。

"义蔑历","义"即本器的主人,根据铭文所记,他在此次大射礼中的职务应该就是将邦君、诸侯等匹配成耦,并因此受到周王的奖赏。根据《周礼·夏官·大司马》所记载,大射前进行匹耦乃是大司马在周王行大射礼时应行使的职能,辅助大司马进行这一项工作的"义"的具体官职,是否是大司马的属官,现在尚不可考。"蔑历"一词,在金文中多有出现,向来也有很多种释义,但总体来讲,这些释义都将"蔑历"一词框定到类似"勉励"类词语的意义范围内。阮元认为是"勉励"之义,②徐中舒先生③与唐兰先生④都认为此乃"伐阅"之义,即称赞某人的功绩。王辉认为"蔑"通"伐",二字都从"戈",都有陈列之义,⑤晁福林先生则认为"蔑"字从"昔"的音,通假而读若冒,用如"勖",可训为"勉",他认为"蔑历"一词,是上级对下级的勉励和下级的自勉。⑥范长喜在《金文"蔑历"补释》一文中指出,上海博物馆藏战国楚竹书中有《曹沫之阵》一篇,记曹沫(文献中也写作"刿")与鲁庄

---

① 十三经注疏·仪礼注疏[M].郑玄,注.贾公彦,疏.北京:北京大学出版社,2000:9.

② 阮元,王先谦.清经解·清经解续编[M].上海:上海书店出版社,1988:1057-1058.

③ 徐中舒.西周墙盘铭文笺释[J].考古学报,1978(2):146.

④ 唐兰."蔑历"新诂[C]//唐兰先生金文论集,北京:紫禁城出版社,1995:224-235.

⑤ 王辉.商周金文[M].北京:文物出版社,2006:52.

⑥ 晁福林.金文"蔑历"与西周勉励制度[J].历史研究,2008(1):34-35.

公问答，简文中曹沫的"沫"有写作"蔑"的情况，也有写作"秣"的情况。① 而清华大学藏战国竹简中有《耆夜》一篇，里面所记载的周公所作的《蟋蟀》一诗与今本《诗经·蟋蟀》一诗对比，竹简中"日月其秣"，今本作"日月其迈"。可见"蔑"字与"萬"相通，金文"蔑历"中的"蔑"可读作"厲"或"勸"，训为勉励。综合上述观点，"蔑历"一词确可训为勉励、勖勉。

"眔于王逑"。《说文解字》："眔，目相及也。"② 根据上下文来看，此处应作连词"及"。"于"为介词，表示被动。"逑"字，袁俊杰认为此字为"述"，发掘简报③、《集成》④、刘雨⑤皆认为此字为"逑"，用在此处为"召来"的意思。袁俊杰引用陈剑的观点，认为此字应释为"逑"，读为"仇"，根据裘锡圭所言："古人赞臣对君的关系，也用'仇''匹''妃''配''耦（偶）'等语"，⑥ 可见此说是有一定依据的。《说文解字》段玉裁注曰："逑仇古多通用。"⑦《尔雅·释诂》言："仇、匹，合也。"⑧ 用在本铭中，结合语境，"逑"可译为助手之义。

"义易贝十朋"。"易"此处通"赐"，被动用法，释为义被赐

---

① 范长喜.金文"蔑历"补释——兼谈楚简中两处与"蔑"相关的简文[J].古文字论坛2辑，上海：中西书局，2016：162-166.
② 许慎.说文解字[M].北京：中华书局，1963：72.
③ 梁星彭，郑文兰.1984沣西大原村西周墓地发掘简报[R].中国社会科学院考古研究所沣西发掘队，考古，1986(11)：978-979.
④ 中国社会科学院考古研究所.殷周金文集成(修订增补本)[M].中华书局，2007：5346.
⑤ 刘雨.西周金文中的射礼[J].考古，1986(12)：1115.
⑥ 袁俊杰.两周射礼研究[M].北京：科学出版社，2013：110.
⑦ 许慎.说文解字注[M].段玉裁，注.上海：上海古籍出版社，1988：73.
⑧ 尔雅[M].郭璞，注.杭州：浙江古籍出版社，2011：3.

予，朋乃周代货币单位，五贝为一串，两串为一朋。

"对扬王休"，此句乃是金文中的常用句式。沈文倬先生在《"对扬"补释》中提出，"对扬"是古代行赏或者策命时的一种答谢仪式。① 张亚初等人则坚持郑玄对此作出的原始注解，即"对扬王休"乃"策令之时，称扬王之美德"，并无特定仪式的存在。② 张政烺先生也认为表示"赐予"的"休"字，与介词"于"构成"休于"词组，表示赏赐的含义。③ 这种赏赐并非某种仪式，而是某种数额不大，较为随意的仪俗赏赐。

综上所述，这段铭文可以译为：在十一月既生霸甲申日，周王在鲁国，义辅助匹合异邦国君，诸侯、正长及掌事官员为耦进行大射礼，义受到周王的勉励，并被周王用为助手，周王赏赐给义贝币十朋，为答谢王的赏赐，称扬王的美德，用来做了宝盉，子子孙孙要用以为宝。

三、义盉盖与西周大射礼

义盉盖的铭文是第一次提出"大射"这一概念的金文，这说明《仪礼》中对于乡射礼与大射礼的区分是真实可信的，而且证明了在西周早中期就有了大射礼的存在。与《仪礼》所载的诸侯大射礼不同，义盉盖所载大射礼乃是周天子亲自参与的大射礼，这就为大射礼的仪程的研究提出了另一种可能，天子大射礼与诸侯大射礼必然有等级上的区别，这也就为大射礼研究提供了新的材料，

---

① 沈文倬. 对扬补释 [J]. 考古，1963(4)：186.

② 沈文倬. 有关对扬补释的几个问题——答林澐、张亚初二同志的质疑 [J]. 杭州大学学报(哲学社会科学版)，1981(3)：86.

③ 转引自王辉. 商周金文 [M]. 北京：文物出版社，2006：42 注 [4].

新的问题。

首先，在时间问题上，义盉盖上记载周王此次行大射礼的时间为周历十一月，而柞伯簋记载的时间为周历八月，《周礼》记载周王行射一般是在秋季。义盉盖上记载的大射礼，从时间上来看，显然并不是一次常规性射礼，袁俊杰认为这与此次大射礼举行的地点有关。

从地点上来看，此次大射礼是在鲁地举行的，这明显不同于其他文献的记载。其他文献中所记载的举行大射礼的地点，或在郊，或在射宫，都是在周王朝的都城附近举行，只有义盉盖上记载周王在鲁进行大射礼。那么，围绕着此次大射礼举行的地点，可以提出两个问题：其一，周天子到鲁国去的目的是什么？其二，为何要在鲁国举行大射礼？关于这两个问题，袁俊杰认为这与周天子巡狩制度或者封禅泰山有关。①《史记》记载，古代天子"五岁一巡狩，群后四朝"。②鲁国设立有文王庙，周天子东巡至鲁，须祭祀文王，祭祀前举行大射礼选拔参与祭祀的人才。那么关于此次周天子之所以适鲁，以及在鲁举行大射礼的问题，这样也是可以讲得通的。但联系到时间上面，为何在冬季举行此次大射礼的问题，这种东巡的说法，就变得颇有些模棱两可了。袁俊杰还提出了另一种推断，即封禅山川说。按照相关文献记载，古之天子有祭祀名山大川之礼。《史记·封禅书》记载："周成王封泰山，禅社首。"③《礼记·月令》又言：仲冬之月，"天子命有司祈祀四海、

---

① 袁俊杰. 两周射礼研究 [M]. 北京：科学出版社，2013：154.
② 司马迁. 史记 [M]. 北京：中华书局，1999：18-19.
③ 司马迁. 史记 [M]. 北京：中华书局，1999：78.

大川、名源、渊泽、井泉"。①因此可见，仲冬之时，天子祭祀名山大川之礼确有存在，那么关于此次大射礼举行的时间在十一月的问题，就可以得到解释了。综合来看，周天子适鲁的目的，祭祀山川的可能性要大于巡狩，但是在祭祀山川的同时，对于文王的祭祀也是应有之意，那么通过举行大射礼来选择参与祭祀的助祭人员，也就是顺理成章的了。

最后，关于参加此次射礼的人员，也与柞伯簋上所载不同。此次射礼涉及异邦国君、诸侯国国君、周王属官正长和掌事官员这四种身份的人，其规模较柞伯簋上记载的大射礼还要宏大。义盉盖对于射礼的程序记载，较柞伯簋也更为清晰详细，这是因为作此铭文者正是本次射礼的执事人员，所以能更详尽地说明射礼的程序。本铭反映的大射礼的仪程有：戒射（即召集有关参射人员如邦君、诸侯等到鲁地来）、匹耦、行射、射后奖赏相关执事人员。

综上所述，先秦很多文献中记载了当时举行的大射礼活动及大射礼仪程，西周金文中涉及大射礼的篇目虽然不多，但其中记载的大射礼内容比较丰富，仪节比较明晰。这些篇目很大程度上填补了传世文献的不足，通过对这些铭文的分析研究，使人们对西周大射礼有了更为全面、准确的认识。

西周金文中所记载的大射礼，在仪程上与后代文献中所记载的有所不同，有些是因为社会的发展变迁致使礼仪发生了变革，有些则是礼仪的举行者因地制宜、因时制宜导致的差异。如果说

---

① 杨天宇. 礼记译注 [M]. 上海：上海古籍出版社，2014：213.

传世文献中所记载的大射礼的仪程,是大射礼的典范化、一般化仪程,那么西周金文中所记载的大射礼便是大射礼具体实践的记录,这正体现了周代礼乐制度的特点,礼乐制度中的礼仪从根本上来讲是为政治服务的,随着政治的需要开展礼仪活动,展现了西周统治者的施政手段。

第三章 传世文献与西周大射礼研究

第三章　传世文献与西周大射礼研究

《诗经》中《大雅》《小雅》皆为周王畿内乐调，作品大部分作于西周前期，其中《行苇》与《宾之初筵》所述宴饮行射的内容，有些学者认为与西周大射礼相关。《仪礼》成书年代虽晚，但所载有的《大射仪》一篇，详细地记录了春秋时期诸侯举行大射礼的仪程，不仅使后人窥见西周天子大射礼的部分仪程，也使我们了解了春秋时期人们对西周大射礼的继承与变革。

第一节　《诗经》与西周大射礼

《行苇》是《大雅》中的一篇描写了宴饮、行射场面的诗歌。《行苇》全诗据朱熹《诗集传》所考，共分为四章，首章、次章皆言燕饮，末章复言燕飨，直接描写射礼的诗句为第三章。《行苇》全诗内容如下：

"敦彼行苇，牛羊勿践履。方苞方体，维叶泥泥。戚戚兄弟，莫远具尔。或肆之筵，或授之几。

肆筵设席，授几有缉御。或献或酢，洗爵奠斝。醓醢以荐，或燔或炙。嘉肴脾臄，或歌或咢。

敦弓既坚，四鍭既钧，舍矢既均，序宾以贤。敦弓既句，既挟四鍭。四鍭如树，序宾以不侮。

曾孙维主，酒醴维醹，酌以大斗，以祈黄耇。黄耇台背，以引以翼。寿考维祺，以介景福。"①

---

①　程俊英.诗经译注[M].上海：上海古籍出版社，1985：529-530.

一、《行苇》所反映的历史时代

关于《行苇》所反映的历史时期，应是西周早期，所咏应是公刘事迹，也有说是咏周之先王之事。《行苇》一诗的开篇即讲"敦彼行苇，牛羊勿践履，方苞方体，维叶泥泥"。毛传曰："敦，聚貌。行，道也，叶初生泥泥。"郑笺云："敦敦然道傍之苇，牧牛羊者毋使蹬履折伤之。草物方茂盛，以其终将为人用，故周之先王为此爱之，况于人乎！"孔疏曰："苇之初生，其名为葭，稍大为芦，长成乃名为苇，'八月萑苇'是其事也。此禁牛羊勿践，则是春夏时事。而言苇者，此先王爱其为人用，人之所用在于成苇，作者体其意，故经以成形名之。"①《吴越春秋·吴太伯传》云："公刘慈仁，行不履生草，运车以避葭苇。"②《后汉书·寇荣传》云："昔文王葬枯骨，公刘敦行苇，世称其仁。"③郑笺、孔疏中皆言道行苇之事乃是言先王爱人典故，《吴越春秋》也提到了这则典故，《后汉书》则直接用其典。故有《行苇》为咏公刘诗之说，段玉裁《说文解字注》即说："《七月》《行苇》皆咏公刘之诗。"④将《吴越春秋》与《行苇》相印证，该诗是咏公刘之说应是可信的。《行苇》第三章讲述行射的诗句为"敦弓既坚，四鍭既均，舍矢既均，序宾以贤。敦弓既句，既挟四鍭。四鍭如树，序宾以不侮。"可以看出此处行射所用皆是坚弓利矢，以此来射猎牲畜。周代后期的礼射是不会用这种杀伤力很大的射器的，《仪

---

① 阮元.十三经注疏·毛诗正义 [M].北京：中华书局，1980：534.
② 赵晔.吴越春秋 [M].上海：商务印书馆，1937：5.
③ 范晔.后汉书 [M].北京：中华书局，1965：130.
④ 许慎.说文解字注 [M].段玉裁，注.上海：上海古籍出版社，1988：226.

礼·乡射礼》云："礼射不主皮。"①但周先王时期先有戎狄需要对抗，后又与商作战，重视武功，射的目的在于以武择士，而非后期射礼以德择士，因此《行苇》所咏亦有周先王之事迹。

《行苇》成书的具体时间，有成王时之说。成王说根据的是此诗的最后一章："曾孙维主，酒醴维醹，酌以大斗，以祈黄耇。黄耇台背，以引以翼。寿考维祺，以介景福。"毛传曰："曾孙，成王也。"郑笺曰："今我成王承先王之法度为主人，亦既序宾矣。"孔颖达正义曰："以《信南山》经序准之，知曾孙为成王也。"②《诗经·信南山》有"信彼南山，维禹甸之，畇畇原隰，曾孙田之。我疆我理，南东其亩，上天同云，雨雪雰雰"之句，《毛诗序》称："《信南山》，刺幽王也。不能修成王之业，疆理天下。"③认为此处曾孙乃为成王，故孔颖达的正义中据此言《行苇》的"曾孙维主"处亦谓成王。但《诗经》中《大田》《甫田》等祭祀诗中，也都有主祭者"曾孙"的出现，虽然正义中皆将"曾孙"解为成王，但历来也有别的观点，如马瑞辰《毛诗传笺通释》："曾孙从《笺》通指后王为允。"④程俊英也认为此处"曾孙"乃是"周王对祖神的自称"，"王家祭神时由周王主祭，故曾孙又是主祭者的代称，与《楚茨》的'孝孙'同义，都是指周王。"⑤因此，此处"曾孙"为成王之说缺乏更有力的证据，无法断定《行苇》即是成王时期作品。但

---

① 十三经注疏·仪礼注疏 [M].郑玄，注.贾公彦，疏.北京：北京大学出版社，2000：277.

② 阮元.十三经注疏·毛诗正义 [M].北京：中华书局，1980：534.

③ 孙耀煜.历代文论选释 [M].南京：江苏教育出版社，1989：38.

④ 马瑞辰.毛诗传笺通释 [M].济南：山东友谊书社，1992：11-12.

⑤ 程俊英.诗经译注 [M].上海：上海古籍出版社，2004：362.

无论诗中"曾孙"所指的是成王还是后王，其体现出的敦睦九族，尊事黄耇，重视武功的施政风格，应是西周早期尚能继承先王之志的周王所具有的。因此，《行苇》所反映的历史时代，应是自公刘以来一直到西周早期。

二、《行苇》所涉射礼种类之争

关于此处描写的射礼的种类，自古便有争论，主要有燕射礼和大射礼两种说法。其中燕射说为曹魏时期著名经学家王肃首倡，王肃注《毛诗》言此处射礼为养老燕射。后明代何楷在《诗经世本古义》中承此说："公刘有仁厚之德，行燕射之礼，以笃同姓，诗人美之。"①

《行苇》一诗中前两章乃是言西周贵族燕饮的场面。据此二章所言，接下来第三章所描绘的射礼，可解为燕射。《礼记·射义》云："古者诸侯之射也，必先行燕礼；卿大夫士之射也，必先行乡饮酒礼。"②前二章"戚戚兄弟，莫远具尔""醓醢以荐，或燔或炙。嘉肴脾臄，或歌或咢"的诗句的确也符合诸侯燕礼内睦九族、和合上下之意，又据《鄂侯御方鼎》："鄂侯御方纳壶于王，乃祼之。御方侑王。王休宴，乃射。"③可见诸侯燕礼之后，的确有射礼进行。《周礼·春官·乐师》："燕射，帅射夫以弓矢舞。"孙诒让正义："燕射者，王与诸侯、诸臣因燕而射。"④可见此处射礼是有可能是

---

① 何楷. 诗经世本古义 [M]. 明崇祯十四刻本，110.
② 杨天宇. 礼记译注 [M]. 上海：上海古籍出版社，2014：833.
③ 中国社会科学院考古研究所. 殷周金文集成（修订增补本）[M]. 北京：中华书局，2007：2780.
④ 阮元. 十三经注疏·周礼注疏 [M]. 北京：中华书局，1980：683.

燕射的。

但如果此处是燕射，射礼部分就应被放在结尾的第四章，《礼记·射义》孔颖达云："燕射，谓息燕而与之射。"① 也就是说燕射的射的部分应在燕饮的部分之后，而《行苇》一诗在第三章言射之后，第四章复又言燕飨之事："曾孙维主，酒醴维醹，酌以大斗，以祈黄耇。黄耇台背，以引以翼。寿考维祺，以介景福。"孔颖达认为："案燕射于燕旅酬之后乃为之，不当设文于'曾孙为主'之上。岂先为燕射，而后酌酒也？"再者，燕射礼应无择士之义，孔颖达认为，"舍矢既均，序宾以贤""四鍭如树，序宾以不侮"两句中"序宾以贤""序宾以不侮"皆有择士之义。② 因此，燕射之说可谓不成立。

大射说则是唐代孔颖达在汉代郑玄养老行射说的基础上提出的。郑玄笺注中提道："周之先王将养老，先与群臣行射礼，以择其可与者以为宾。"③ 孔颖达元疏进一步引《周礼》补充郑玄的看法，以为诗歌所述为大射礼，孔疏中云："礼称将祭而射，谓之大射。养老与祭相类，而亦射以择宾，则亦为大射。何则！礼射有三，宾射在朝而射以娱宾，燕射因燕而射以为乐，皆无择士之义。《乐记》云：'祀于明堂，以教诸侯之孝。食三老五更于太学，以教诸侯之悌。'是祭与养老为相类之事，故知此射必大射也。"④ 大射礼正是周王在祭祀前所举行的择士之射，据《乐记》所言，祭祀

---

① 十三经注疏·礼记正义[M].郑玄,注.孔颖达,疏.北京：北京大学出版社，2000：1924.

② 阮元.十三经注疏·毛诗正义[M].北京：中华书局，1980：535.

③ 阮元.十三经注疏·毛诗正义[M].北京：中华书局，1980：534.

④ 阮元.十三经注疏·毛诗正义[M].北京：中华书局，1980：535.

与养老相类，因此孔颖达认为此处与周王养老礼结合的正是周王大射礼。此外，段玉裁《说文解字注》云："天子诸侯则先大射，后养老。"又云："《王制》曰'王亲视学。'注云'谓习射习乡以化之。'习射即大射，习乡即养老。此天子大射而养老之证也。"①据此，段玉裁也认为《行苇》所涉射礼种类应是大射礼。

但以上郑、孔、段之大射礼说，皆是本于三礼。三礼的资料毕竟为后人整理所得，难免与《诗经》所反映的西周社会风貌存在一定差异。因此拿成书时代晚的三礼资料来作为辨析成书时代更早的《诗经·行苇》的论据，显然是既不充分也不十分准确的，因此所得的《行苇》所涉射礼种类是大射礼的结论，也不能成为定论。因此，要想进一步辨析《行苇》所涉射礼的种类，还要从该射礼所用器物、仪程、功能等方面入手，并结合其他文献资料进行分析讨论。

三、《行苇》所涉射礼为天子大射礼

首先，从此次射礼所涉及的器物方面进行分析。诗的第三章开始两句即言"敦弓既坚，四鍭既均，舍矢既均，序宾以贤"，表明了此次行射所用的器物。那么，何谓"敦弓"？何谓"鍭"？"敦弓既坚"，毛传曰："敦弓，画弓也。天子敦弓。"郑玄笺云："敦音彫。"孔颖达正义曰："敦与雕古今之异。雕是画饰之义，故云敦弓，画弓也。"②《公羊传·定公四年》何休注云："礼，天子雕

---

① 许慎.说文解字注[M].段玉裁，注.上海：上海古籍出版社，1988：226.
② 阮元.十三经注疏·毛诗正义[M].北京：中华书局，1980：534.

弓，诸侯彤弓，大夫婴弓，士卢弓。"①因此，此处敦弓指的正是天子之弓。《周礼·夏官·司弓矢》云："王弓、弧弓以授射甲革、椹质者。"《周礼·夏官·司弓矢》又云："泽，共射椹质之弓矢。"郑玄注云："泽，泽宫也，所以习射选士之处也。"②《礼记·射义》曰："天子将祭，必先习射于射泽，泽者，所以择士也。"郑玄曰："将祭而射，谓之大射。"③《行苇》此处所用射器为天子敦弓，所行应是周天子在泽宫举行的祭前择士之礼，故据所用弓具来看，《行苇》此处射礼应为大射礼。

"四鍭既均，舍矢既均"，毛传曰："鍭，矢，参亭。已均，中蓺。"郑玄笺云："舍之言释也。蓺，质也。"孔颖达正义曰："言鍭是矢参亭者也。参亭谓三分矣，一在前二在后，轻重钧亭。四矢皆然，故言四鍭既钧。《冬官》：'矢人谓鍭矢参分，一在前，而在后。'注云：'三订之而平者，前有铁，重也。'矢而谓之鍭者，《尔雅·释器》云：'金镞，翦羽谓之镞。'孙炎曰：'金镝，断羽使前重也。'"④《周礼·夏官·司弓矢》："杀矢、鍭矢，用诸近射田猎。"⑤故"鍭"即是金属箭头被剪掉箭羽的射礼用箭。据正义所言，"鍭"的箭杆分为三等份，箭杆前的一等份与箭杆后的二等份轻重相等，这种箭的杀伤力很大，常常是田猎时用来射杀猎物的箭。《周礼·夏官·司弓矢》云："恒矢、庳矢用诸散射。"郑注云："散射，

---

① 阮元．十三经注疏·春秋公羊传注疏 [M]．北京：中华书局，1980：2337.
② 阮元．十三经注疏·周礼注疏 [M]．北京：中华书局，1980：9370.
③ 阮元．十三经注疏·礼记正义 [M]．北京：中华书局，1980：1689.
④ 阮元．十三经注疏·毛诗正义 [M]．北京：中华书局，1980：485.
⑤ 阮元．十三经注疏·周礼注疏 [M]．北京：中华书局，1980：9371.

为礼乐之射。"①《行苇》诗中礼射没有用应用于礼射的恒矢、庳矢，而是用了常用于田猎杀伤力大的鍭矢，看起来是有些矛盾的。

关于此处"鍭"的不合理使用，存在三种说法。其一，《礼记·射义》正义云："凡主皮之射有二。一是卿大夫从君田猎，颁余获而射。《书传》云：'凡祭，取余获，陈于泽，然后卿大夫相与射也。'"②也就是说，使用杀伤力大的鍭矢，很可能与射余获有关。那么根据《书传》所言，射余获之礼是祭祀前在泽宫进行的，根据射绩颁赐余获的射礼，具有择士的意味，这正与《行苇》第三章后面讲的"序宾以贤""序宾以不侮"的诗句相印证，故此说成立。祭前择士之射，也与大射礼程序相符。其二，郑玄认为："此养老即是礼射，而用鍭矢者，此与宾客私宴，不与常射同。或云先王用先代法，不用周礼。"③也就是说此处进行的射礼，所遵循的礼仪乃是周先王之礼，而并非后世记载的射礼礼仪。联系前面所言，行射所用乃是天子敦弓，所射乃是"甲革、椹质"这种坚硬的侯靶，所用是穿透力强的鍭矢，这很符合西周初年周先王时以武择士的特点，故此说成立。其三，祭祀之前天子行大射礼，主要有两个目的：一是射牲以备祭祀，二是选士参加祭祀。《周礼·夏官·射人》："祭，则赞射牲，相孤、卿、大夫之法仪。"④《周礼·夏官·司弓矢》："凡祭祀，供射牲之弓矢。"⑤那么这里所用鍭矢，也有可能并不是用来行射礼的，也就是说此处所进行的行射活动，

---

① 阮元.十三经注疏·周礼注疏[M].北京：中华书局，1980：9371.
② 阮元.十三经注疏·礼记正义[M].北京：中华书局，1980：1688.
③ 阮元.十三经注疏·毛诗正义[M].北京：中华书局，1980：535.
④ 阮元.十三经注疏·周礼注疏[M].北京：中华书局，1980：865.
⑤ 阮元.十三经注疏·周礼注疏[M].北京：中华书局，1980：9370.

可能是祭祀前田猎获取祭祀所用献牲的行射活动。但根据后面"四鍭既钧""既挟四鍭""四鍭如树"几句，则可以否定这种说法可能性。这几句诗表现了射者"井仪""参连"的高超射技。所谓"井仪"，是指发射至侯的四支箭形成像井字形那样的容仪。所谓"参连"，是先放一矢，后三矢连续而发，体现发箭的速度。"井仪"和"参连"的射绩，就是"四鍭既钧""四鍭如树"，即四支箭均匀分布于侯上，且竖立呈树状，似"井"字形状。这样的射技要求比射所用箭靶质地比较坚硬，如"甲革、椹质"，因此田猎所射的猎物上，是不会出现"四鍭如树"这种现象的。但总体来说，此处"鍭"的使用，无论是用于射余获之礼，还是用于先王以武择士之礼，都是符合天子大射礼的特点的。

其次，从此次射礼的仪程上来进行对照。诗的第一章后半部分"戚戚兄弟，莫远具尔。或肆之筵，或授之几"与《仪礼·大射仪》的准备工作部分相符，即是描写准备宴会所用几、席的过程。第二章"肆筵设席，授几有缉御。或献或酢，洗爵奠斝。醓醢以荐，或燔或炙。嘉肴脾臄，或歌或咢"则是描写了射礼之前的宴饮场面，包括宾主之间互相饮酒献酢，主人为宾洗酒器，酬酢之后乐工升歌奏乐等活动，都与《大射仪》所描写的大射礼仪程相符。接下来的第三章描写了具体的行射活动，虽没有将三番射的具体仪节详细地叙述出来，但也通过简单的文字表现了当时参射者竞相展现高超射技的壮观场面。最后，第四章的开头"曾孙"二字则表明了周天子的祭主身份，这也说明此次射礼与祭祀有关，周天子作为主人，持大斗向在座的老者敬酒，以示尊老亲贤。这里虽然与《大射仪》所载，三番射后要进行"无算爵""无算乐"不同，但联系《行苇》所述年代——周代初期敦睦宗族的必要性，其仪程与后世《仪礼》所载不同，重视养老亲亲之事，也是合理的。

最后，从此次射礼的目的来进行分析。第三章言"序宾以贤""序宾以不侮"，毛传曰："言宾客次第皆贤。""言其皆有贤才也。"郑氏笺云："谓以射中多少为次第。""不侮者，敬也。其人敬龄礼，则射多中。"①此处传、笺观点有异，毛传认为，所谓贤者是指参加射礼的所有宾客，而郑笺则认为此处"贤"乃是言射中之多寡，以射中多寡来序宾客之次序，从而进行择士。但此二者都认为，此处射礼目的乃是"周之先王将欲养老，亲自射以择士"。②在四种射礼之中，只有大射礼与乡射礼有择士之仪节，根据前面对射礼所用器具的分析，此射礼为周天子亲自参与，因此《行苇》所言射礼为周天子大射礼无疑。

总而言之，《诗经·大雅·行苇》是一篇描写西周初期周天子为祭祀养老而进行燕饮大射的诗歌。该诗体现了周先王与西周初年周王敦睦亲族、尊事黄耇，尊贤尚武的施政风格。诗中所描写的大射礼场面，是后人了解西周初年大射礼的重要资料。

四、《诗经·小雅·宾之初筵》与西周大射礼

《诗经》中涉及大射礼的篇目，除《行苇》外还有《宾之初筵》，但关于《宾之初筵》中所涉射礼的性质，向来很有争议。毛

---

① 阮元.十三经注疏·毛诗正义[M].北京：中华书局，1980：486.
② 阮元.十三经注疏·毛诗正义[M].北京：中华书局，1980：534.

亨认为是燕射，郑玄则解为大射。宋王安石、清王先谦皆从大射之说，本书也倾向于此篇所述之射礼乃大射。

持大射观点者，所据原因有二。

其一，此诗描写的射礼的流程，符合大射礼的仪程安排。大射礼在祭祀之前举行，并且先燕后射。《宾之初筵》描写射礼的场面的章节为第一章，具体内容为：

"宾之初筵，左右秩秩。笾豆有楚，殽核维旅。酒既和旨，饮酒孔偕。钟鼓既设，举酬逸逸。大侯既抗，弓矢斯张。射夫既同，献尔发功。发彼有的，以祈尔爵。"①

《礼记·射义》云："古者诸侯之射也，必先行燕礼。"②此诗前面描写的是宴饮开始时宾主饮酒享乐的场面，后面是行射的活动。此诗的第三章有关祭祀的内容为："籥舞笙鼓，乐既和奏。烝衎烈祖，以洽百礼。百礼既至，有壬有林。锡尔纯嘏，子孙其湛。"③郑笺云："先王将祭，必射以择士。大射之礼，宾初入门，登堂即席，其趋翔威仪甚审知。"又云："将祭而射，谓之大射。下章言'烝衎烈祖'其非祭与？"孔疏曰："郑以将祭而射，谓之大射，大射之初，先行燕礼。首章上八句言射初饮燕之事，下六句言大射之事。二章言作乐以祭，尽章皆说祭时之事。三章四章言今王祭末与族人私燕，小人为宾，威仪昏乱。"④宋王安石亦曰："大射礼为将祭择士故也。既祭矣，于是乎燕，燕则又射。先王用酒，常以祭祀。

---

① 阮元.十三经注疏·毛诗正义 [M].北京：中华书局，1980：486.
② 十三经注疏·礼记正义 [M].郑玄，注.孔颖达，疏.北京：北京大学出版社，2000：1913.
③ 阮元.十三经注疏·毛诗正义 [M].北京：中华书局，1980：486.
④ 阮元.十三经注疏·毛诗正义 [M].北京：中华书局，1980：484.

其饮也，常以射。"①因此，根据《宾之初筵》所述射礼的流程来看，符合大射礼的大体仪程，故将此处射礼解为大射礼是可取的。

其二，此诗所述射礼所用侯的规格是大射礼的规格。《宾之初筵》诗曰："大侯既抗，弓矢斯张"，此句言设侯备弓矢之事。《仪礼·大射仪》曰："前射三日，司马命量人量侯道与所设之，以狸步，大侯凡九十，糁侯七十，豻侯五十。"②大侯即熊侯。《周礼·天官·司裘》："王大射，则共虎侯、熊侯、豹侯，设其鹄；诸侯则共熊侯、豹侯；卿大夫则共麋侯，皆设其鹄。"③《仪礼》所载乃诸侯大射礼，《周礼》所载乃天子大射礼，二者虽有不同，但皆言明大射礼张三侯。《毛诗正义》曰："燕射之礼，自天子至士皆一侯，上下共射之，惟大射则张三侯。"④《宾之初筵》中虽然只提到了"大侯"，但已能表明另外两侯的存在，如正义所言，燕射礼只设一侯，没有称"大侯"的必要，正因还有其他侯的存在，故称"大侯"以区别之。因此，以"张侯"一事来看，此篇所涉射礼的规格，应是大射礼的规格。

持此篇所述为燕射观点者，则认为从《宾之初筵》第一章描写燕饮行射场面的诗句中可以看出，这段射礼是放在燕礼之中的，且此次行射的娱乐性很强。"以祈尔爵"此处为倒文，郑玄解为

---

① 王安石.诗义钩沉[M].邱汉生，辑校.北京：中华书局，1982：209.
② 十三经注疏·仪礼注疏[M].郑玄，注.贾公彦，疏.北京：北京大学出版社，2000：343.
③ 孙诒让.周礼正义[M].陈玉霞，王文锦，校点.北京：中华书局，1987：497.
④ 阮元.十三经注疏·毛诗正义[M].北京：中华书局，1980：491.

"我以此求爵汝"①，马瑞辰继而解为"盖但言求爵女，则己之求不饮自可于言外得之"②，也就是求射中而让别人饮罚酒之意，其娱乐性显而易见。虽然大射礼第二番射后，也有"胜者饮不胜者"这一项内容，但其主要目的并不在此，大射礼的行射目的乃是择士，于此处诗中并没有提到这一点，《仪礼·燕礼》则有君命"无不醉"之词，这说明燕射的娱乐性明显要强于大射。

且从《宾之初筵》的创作目的来看，《毛诗序》云："《宾之初筵》，卫武公刺时也。幽王荒废，媟近小人，饮酒无度，天下化之，君臣上下沉湎淫液。武公既入，而作是诗也。"③朱熹《诗集传》曰："卫武公饮酒悔过而作此诗。此章言因射而饮者，初筵礼仪之盛：酒既调美，而饮者齐一；至于设钟鼓，举酬爵，抗大侯，张弓矢，而众耦拾发，各心竞云，我以此求爵汝也。"④此二者皆言此篇乃卫武公为刺周幽王宴饮饮酒过度、奢靡享乐而作。那么从此篇的写作目的来看，其重点乃是描写周幽王宴饮享乐的场景，行射活动不过是燕饮的一部分。但从《诗经·行苇》所载大射礼来看，其行射活动在整个仪程中是与燕饮部分分开的，独占了一章内容。而且大射礼虽也有燕饮部分，但其重点乃是三番射部分，理应着重描写。此篇即为卫武公刺幽王燕饮享乐之作，那么重点自然在"燕"不在"射"，"射"只不过是加强燕饮娱乐性的手段。经此分析，此射礼为燕射礼也颇具可能，但此说太具主观性，缺

---

① 阮元.十三经注疏·毛诗正义[M].北京：中华书局，1980：490.
② 马瑞辰.毛诗传笺通释[M].北京：中华书局，1989：750.
③ 孙耀煜.历代文论选释[M].南京：江苏教育出版社，1989：38.
④ 朱熹.诗经集传[M].上海：上海古籍出版社，1987：163.

少客观事实作为有力证据。

此外袁俊杰在《论〈宾之初筵〉与燕射礼》①一文中提出，诗中描写祭祀的场面在第三章，大射礼为祭祀前的射礼，燕礼也应在三番射之前举行，而本诗第四、五、六章又复言燕饮，这显然与大射礼仪程不符。此处复言燕饮场面，有说是为了强调其燕饮部分之奢靡无度，也有说是幽王祭后又复行燕礼，但燕射之礼为息燕而射，射后也不应再行燕礼。因此虽然前两种可能缺乏有力证据证明，但燕射之说显然也不可取。

综合言之，虽然将《宾之初筵》中的射礼解为大射礼尚有值得推敲的地方，但据现有资料来看，将其解为燕射礼则更加缺乏证据，因此本书从郑玄所解，认为此诗所涉射礼的种类为大射。

第二节 《仪礼·大射仪》与西周大射礼

《仪礼》，是儒家十三经之一，是春秋时代的礼制汇编，凡十七篇，记录了古代的十五种礼仪。《大射仪》是其中的第七篇，详细地记载了春秋时期诸侯大射礼的具体仪程。《大射仪》所载大射礼虽与西周时期的大射礼有所不同，但其仪节、礼器、用乐以及职官设置，都是在西周大射礼的基础上加以变革后产生的。通过分析《仪礼·大射仪》的具体仪程，并与前代文献所载的大射礼内容进行比对，可以更全面地还原西周大射礼的真正面貌。

---

① 袁俊杰.论宾之初筵与燕射礼[J].史学月刊，2011(11)：30-36.

一、《大射仪》中大射礼仪程考述

《仪礼·大射仪》所述大射礼的具体仪节，共分为四部分，分别是射礼的准备部分、射前的饮燕部分、三番射部分以及射后的饮燕部分。刘雨先生将这四部分内容具体划分为四十六项[1]，袁俊杰在《两周射礼研究》中划分为五十四项[2]。现将对这四部分仪节进行整理，从而对《大射仪》与西周大射礼的关系进行分析。

射礼的准备阶段：

1. 戒射

2. 视洗涤，张侯

3. 乐悬

4. 陈设

射礼的准备阶段分为四小节，从诸侯准备进行大射礼之前的"戒射"（即通知与射礼有关的人员）开始，一直到大射礼举行的当天早上的宴饮会场布置。大射礼是为了祭祀而择士，因此大射的前一天需要清洗祭器，打扫射宫。"张侯"即为设置靶场，所设置的侯的种类有大侯、参侯、干侯三种，其中公射大侯，大夫射参侯，士射干侯。司马会要求量人用"狸步"（狸步为测量工具，一狸步约为六尺）来测量侯道。三侯距离也不等，大侯（布为侯熊皮为鹄）九十狸步，参侯（豹皮为鹄麋皮为饰）七十狸步，干侯（以野狗皮为鹄饰）五十狸步，目的在于区别尊卑。在大射礼的前一天晚上，乐人负责将乐器悬挂射宫的东壁前。举行大射礼当日，早上主宾都

---

[1] 刘雨. 西周金文中的射礼 [J]. 考古, 1986(12)：1117.
[2] 袁俊杰. 两周射礼研究 [M]. 北京：科学出版社, 2013：495.

未到时，由司宫负责安排席位，放置燕饮用具，并且要将食物都放置到百官的席位上。至此，大射礼的准备阶段才算完成。

射前饮燕阶段：

1. 主人命宾、纳宾

2. 主人献宾

3. 宾酢主人

4. 主人酬宾、献众宾

5. 一人举觯为旅酬

6. 主人与尊者献酢

7. 作乐娱

8. 立司正

燕饮阶段分为八小节，此处主人命宾时指诸侯，纳宾献宾时指受君命的宰夫，酬宾与献众宾时，兼指二者。因宰夫虽为主人，但是乃是受诸侯之命，代诸侯行事，因此公与宰夫合为主人。主人命某人为宾后，作为主人的诸侯即升堂就座。接下来的纳宾、献宾阶段，因诸侯身份尊重，为宾者只是大夫，故君令宰夫代为主人，代君纳宾，为宾洗觚、酌酒并行拜送、答拜之礼。主人献众宾后，由君命下大夫中的长者为媵爵者开始旅酬，旅酬是尊者酬于卑者，是自上而下的劝酒。旅酬完毕后，主人命乐工作《鹿鸣》《新宫》之乐以娱宾，燕饮阶段的最后设立司正之职，与燕射礼相同，皆是为了监礼而用。

三番射阶段：

1. 初射——①司射请射②司射命弟子纳射器③司射比耦④司

射诱射⑤三耦射⑥司马命弟子取矢委福

2. 再射——①司射再次请射②三耦拾取矢③再射释获④君与宾耦射⑤众人皆射⑥取矢视算⑦胜者饮不胜者⑧司马献获者，司射献释获者

3. 三射——①司射第三次请射②上一轮参射者拾取矢③司射请以乐节射④众人节乐而射⑤司马命取矢数矢，司射监视释获者数获⑥胜者饮不胜者⑦拾取矢授有司，退诸射器

三番射阶段为大射礼行择士目的的主要阶段，《仪礼》所载三番射，其初射为示范性质，即"获而不释获"，三射要求"不鼓不释"、以乐节射，这里是三耦、诸公、卿、大夫以及众射者依次配合《狸首》乐曲的节奏进行竞射，因此三射具有很强的礼仪性，并不是以竞技为主的射。因此，三番射中只有第二番射才是正射，也就是主与宾的正式竞赛。司射即射人，福乃是插箭的器具，释获即为射者每中一箭，释获者放一根筹子以计算成绩，"上射於右，下射於左"。①

射后饮燕阶段：

1. 旅酬

2. 司正使二人举觯于宾与大夫

3. 撤俎升坐

4. 坐燕，无算爵，无算乐

5. 送宾

无算爵亦作"无筭爵"，即此时饮酒不限定饮酒爵数，至醉而

---

① 十三经注疏·仪礼注疏[M].郑玄，注.贾公彦，疏.北京：北京大学出版社，2000：384.

止。无算乐亦作"无筭乐",即一遍又一遍的演奏音乐,至尽欢而止。入夜送宾,宾要拿着脯赐给钟人的从者,然后离去。君是不会亲自相送的,由庶子与司宫持火把于阼阶两侧,甸人与阍人持火把于庭院内外相送。君离开射宫时,还应奏《陔夏》之乐相送。至此,大射礼的仪程完毕。

二、《大射仪》中大射礼职官考述

大射仪中所涉职官种类繁多,自冢宰至乐工、仆人,有恪守本职之职官,如司马、量人、巾车、大史等,也有遵君命履职之职官,如摈者、司射、司正等,众职官各司其职,将大射礼进行得井井有条。现将这些职官按照其在大射礼中所司的职能分类不同做以下整理,以期明晰各职官的来历及其在大射礼中所起到的作用。

大射礼准备阶段所涉职官有:宰、宰夫、射人、司士、司马、量人、巾车、司宫、小臣。作为三卿之长的宰承诸侯之命,统一向参加射礼和为射礼服务的人员宣告大射礼即将举行,再由射人和司士向参射者和不参射但为射礼服务的人员分别进行宣告。宰,据郑玄注曰:"宰谓太宰,宰夫之长也。"[①] 宰夫乃是周代天官冢宰的属官,此处宰应谓统管治官的冢宰一职。射人,据《周礼·夏官·射人》载:"射人掌国之三公、孤、卿、大夫之位。……以射法治射仪。"[②] 射人负责掌管公、孤、卿、大夫朝见王的位置,在旁

---

① 阮元.十三经注疏·仪礼注疏[M].北京:中华书局,1980:1043.
② 孙诒让.周礼正义[M].陈玉霞,王文锦,校点.北京:中华书局,1987:2420.

赞相礼，在射礼仪时，辅导周王发射，并助大司马演习射仪的职官。司士，据《周礼·夏官·司士》所载乃"掌国中之士治，凡其戒令"①之职官。司士即士之长，掌管王城之中士的治理，因此司士负责向士阶层的士与赞者进行宣告。

司马，《周礼·夏官·司马》曰："大司马之职，掌建邦国之九法，以佐王平邦国。……若大射，则合诸侯之六耦。"②司马一职在大射礼中主要掌管三番射时匹配诸侯为六耦，因此这里也负责掌管侯的设置。量人掌管丈量、营造和制定祭献之数。巾车，《周礼·春官·巾车》："巾车掌公车之政令，辨其用与其旗物而等叙之，以治其出入。"③此处巾车乃为诸侯之巾车，兼有车仆之职亦掌大射礼时三乏，即掌管报靶人用来护身的器具。司宫，杨伯峻《春秋左传注》："司宫即《周礼》之内小臣，为宫内奄人之长。"④小臣，《周礼·夏官·小臣》曰："小臣掌王之小命，诏相王之小法仪。……大祭祀、朝觐，沃王盥。小祭祀、宾客、飨食、宾射掌事，如大仆之法。"⑤大射礼中，小臣作为诸侯近臣，多次出现，事无巨细地安排燕饮行射事宜。

大射礼中司燕饮的职官有：大史、大射正、小臣师、庶子、

---

① 孙诒让．周礼正义 [M]．陈玉霞，王文锦，校点．北京：中华书局，1987：2455．
② 孙诒让．周礼正义 [M]．陈玉霞，王文锦，校点．北京：中华书局，1987：2880．
③ 孙诒让．周礼正义 [M]．陈玉霞，王文锦，校点．北京：中华书局，1987：2141．
④ 杨伯峻．春秋左传注 [M]．北京：中华书局，2009：962-963．
⑤ 孙诒让．周礼正义 [M]．陈玉霞，王文锦，校点．北京：中华书局，1987：2511．

小臣、摈者、媵爵者、司正。大射正乃射人之长，小臣师乃小臣之长小臣正的佐官。大史即左史，负责记载诸侯之行事，《周礼·春官·大史》载其"凡射事，饰中，舍筭，执其礼事"①，下文司射职官中的释获者即指大史。庶子乃是大司马的属官，掌诸侯、卿大夫之庶子的教化等事，《大射仪》载庶子"设折俎"，贾公彦疏曰："凡解牲体之法，有全烝其豚。解为二十体，体解即此折俎是也。"②摈者此处乃指大射正，《仪礼·大射仪》载："大射正摈。"③媵爵者乃是旅酬时，先酬主人的宾，一般由君于参宴的大夫中任命，司正为监礼者，大射礼以摈者为司正，故司正亦为大射正。

大射礼中司射职官有：司射、射正、小射正、司马、大史、小臣师、司宫士、释获者、负侯者。司射即指射人，射正为司射之长，射人由士充任，其中，有上士二人为大射正，其余中士、下士为小射正，小射正为大射正之佐。司宫士即司宫的下属，负责设丰，丰乃是承酒觯的礼器。释获者即为射中者计数之人，大射礼的释获者由大史担任。负侯者掌管以旌负侯和射时从侯上取矢之事，三侯各设一位负侯者。

大射礼中司乐职官有：乐正、小乐正、大师、少师、上工、仆人正、仆人师、仆人士。乐正负责在大射礼上管理奏乐的各种

---

① 孙诒让.周礼正义[M].陈玉霞，王文锦，校点.北京：中华书局，1987：2079.
② 阮元.十三经注疏·仪礼注疏[M].北京：中华书局，1980：1045.
③ 十三经注疏·仪礼注疏[M].郑玄，注.贾公彦，疏.北京：北京大学出版社，2000：354.

事宜，小乐正为乐正之佐官。大师，"大射，帅瞽而歌射节"①，大师亦是瞽人。仆人正为仆人之长，在大射礼中是协助大师的人。少师为大师之佐，据《周礼》所载，在天子设宴招待诸侯时少师负责率领瞽人唱诗，大射礼中诸侯亦用此例来娱宾。仆人师为仆人正之佐，为少师的助手。上工指乐工中善于吟唱与讽诵诗。仆人士为仆人正的属吏，在大射礼中辅助上工。

大射礼所涉的其他职官：梓人、甸人、阍人。梓人，据《周礼·考工记·总序》载，木工有七，其一为梓人，专造饮器、箭靶和钟磬的架子，梓人在大射礼中负责画物，即画射位，一般画成十字标记，有左右两物。甸人，《仪礼·燕礼》："甸人执大烛於庭。"郑玄注："甸人，掌供薪蒸者。"②因甸人掌薪柴之事，因此令甸人执火把于庭中送宾。阍人掌门禁，故使阍人执火把于门外送宾。

三、《仪礼》所载大射礼与西周大射礼之异同

纵观前言，可以看出，《仪礼》所载大射礼的仪程十分繁复，每一项仪程都规定得十分详细。但结合前两章的出土文献资料可知，西周早中期的大射礼仪节并没有如此复杂。《仪礼》中所载的大射礼显然与西周大射礼有了很大的区别，无论是射礼仪程还是行射目的，都发生了很大的变革。

西周时期大射礼的仪节内容，柞伯簋铭记为六项，即周王命有司率队即射手亦即上下耦入场，陈放奖品；周王致辞训话，内

---

① 孙诒让. 周礼正义 [M]. 陈玉霞，王文锦，校点. 北京：中华书局，1987：1832.

② 阮元. 十三经注疏·仪礼注疏 [M]. 北京：中华书局，1980：1103.

容主要是向竞射者宣布获得奖品的条件与要求；比耦而射；宣布竞射的最终结果；周王向优胜者颁发奖品，包括颁发射前设立的奖品和新增加的奖励。义盉盖铭记为四项，即召集参射人员，包括参加大射礼的竞射者和参与大射礼的执事人员；匹合射耦；比射；赏赐，即奖赏执事人员。《行苇》记为六项，即先行燕飨之礼，包括肆筵、授几，献酢，歌咢；次行射礼，包括比射，序宾，而序宾又包括序宾以贤和序宾以不侮；再行燕饮，以敬事养老。从金文所载可以看出，《仪礼》中大射礼的框架在西周初年就已经具备了。柞伯簋所载大体为《大射仪》三番射中二番射的环节，也就是正射环节，义盉盖所载有《大射仪》中的戒射、正射环节。金文中没有记载射礼的燕飨环节，其仪程也就无从得知。但西周早期的《诗经·行苇》则记载了射前燕飨的环节，其中肆筵、授几，献酢，歌咢等环节基本可以在《大射仪》中得以还原。由此可知《仪礼·大射仪》并非后人臆想，或是全盘否定古礼而制，而是在西周大射礼的基础上加以增删，使其符合当时的时代要求，符合统治者新的政治需要。

西周大射礼的参加者，柞伯簋记录的是周王主持，南宫、师口父分别率王多士即王子弟中得爵之士、王臣竞射，义盉盖记录的是义辅助周王恰异邦国君、诸侯国君、正长、掌事官员行大射礼，《行苇》记录的是周王和族人比射。《仪礼·大射仪》中所载的大射礼与前面所述文献中记载的大射礼的最大不同，即是主持射礼者由周天子变为各国诸侯，参与射礼者由天子之臣、周王室宗族子弟变为诸侯所属士大夫。在春秋中后期，由于周王室衰微，井田制解体，出现了礼乐征伐自诸侯出、自卿大夫出的局面，《仪礼·大射仪》正是反映了这种社会格局对大射礼产生的影响。这种社会的变革不仅影响了大射礼的仪程，并且也影响了大射礼的作用。据金文和早期传世文献所载，西周时期周天子举行大射礼的直接目的虽为择士，但也有对外安抚震慑诸侯、对内安睦亲族之用。但《仪礼·大射仪》所载大射礼显然不具备对外的作用，其烦琐的礼仪细节和严密的不可逾越等级制度，也很难对内起到安睦之用。但这种仪程上的细化，与等级上的愈加森严分明，正说明了制礼者所希望大射礼在当时的社会背景下能够起到的作用，即以礼来约束人们愈加放肆的行为，遏制住礼崩乐坏的进一步发展。

此外，根据金文和《行苇》所载，不能判断西周早中期大射礼有没有三番射中的礼射环节。三番射中的礼射要求合乐节而射，柞伯簋与义盉盖上并没有详细记载行射的具体仪程，《行苇》一诗根据其行射时用的强弓利箭来看，显然其射并不是不主皮的礼射。《仪礼·大射仪》中的礼射，其行射并不是单单为了射中箭靶，射者在开弓射箭过程中，每个步骤张弛有度，礼仪严谨，一举一动、一松一弛都要符合乐的节拍。如此不但能提高射技，而且能达到修身养性的目的，礼射讲求谦和、礼让、庄肃，提倡"发而不中""反求诸己"，重视人的道德内省。可以说，礼射是射的最高境界，也是射的礼仪化的最终结果。

总而言之，《仪礼·大射仪》在前代大射礼的基础上增添了许多具有时代意义的内容，但其继承自西周大射礼的大体框架和在此基础上对西周大射礼进行的延伸，填补了其他有关西周大射礼文献的空缺，为进一步加深对西周大射礼的研究提供了帮助。

四、其他礼书与西周大射礼

三礼中除《仪礼》有成篇的涉及大射礼的篇章之外，《礼记》与《周礼》也有涉及大射礼的内容，不过这些内容分布较散，没有集中成篇，故作一节整理。

《礼记》的成书年代虽然较晚，但其中《射义》一篇所记载的关于周天子大射的相关内容，对研究西周大射礼来说，也有一定的参考价值。首先，《射义》中提到了天子用乐的规格："天子以《驺虞》为节；诸侯以《狸首》为节；卿大夫以《采蘋》为节；士以《采蘩》为节。"[①]《仪礼·大射仪》中以《狸首》为节，盖因其描写的是诸侯大射礼的情况。《孔子家语·辩乐》载："然后天下知武王之不复用兵也，散军而修郊射。左射以狸首，右射以驺虞，而贯革之射息也。"[②]此处即指武王以《驺虞》和《狸首》为节来射箭，《毛诗序》认为《驺虞》是歌颂文王教化的诗作，因此"天子以《驺虞》为节"之说是可信的。

其次，《礼记·射义》中还提到了大射礼的地点："天子将祭，必先习射于泽。泽者，所以择士也。已射于泽，而后射于射宫。"《周礼·夏官·司弓矢》曰："泽，共射椹质之弓矢。"郑玄注曰："泽，泽宫也，所以习射选士之处也。"《仪礼·乡射礼》贾公彦疏

---

① 十三经注疏·礼记正义[M].郑玄,注.孔颖达,疏.北京：北京大学出版社, 2000：1914.
② 王肃.孔子家语[M].廖名春,邹新民,点校.沈阳：辽宁教育出版社, 1997：91.

云:"天子有泽宫,又有射宫,几处皆行射礼者。"① 但从金文来看,如伯唐父鼎、麦方尊、静簋等的铭文,其行射礼都是在辟雍大池中,并没有提到泽宫。《广雅·释地》曰:"泽,池也。"② 故袁俊杰《两周射礼研究》称此处泽为辟雍中大池③,与其字义、《射义》原义及西周金文所载相符。

最后,《射义》中还提到了大射礼的目的:"故天子之大射,谓之射侯。射侯者,射为诸侯也。射中则得为诸侯,射不中则不得为诸侯。""射中者得与于祭;不中者不得与于祭。不得与于祭者有让,削以地;得与于祭者有庆,益以地。进爵绌地是也。"④ 也就是说大射礼的直接目的即为祭祀而进行择士,但最终目的则是决定诸侯分封,以射来决定诸侯封地的削增和爵位的升降、授免。这在西周金文中已有所体现,如柞伯簋上,周王赐予优胜的柞伯以赤金和田猎地。

《周礼》又称《周官》,主要讲述周代的官制和政治制度,成书时代约为战国时期。《周礼》因讲述周代官制和政治制度,不可避免的会对具有很大政治作用的大射礼有涉及。

《周礼》中有记载大射礼地点的内容,《周礼·天官·掌次》贾公彦疏中提道:"天子大射六耦在西郊。"⑤《周礼·天官·司服》贾

---

① 阮元.十三经注疏·仪礼注疏[M].北京:中华书局,1980:980.
② 王念孙.广雅疏证[M].北京:中华书局,2004:17.
③ 袁俊杰.两周射礼研究[M].北京:科学出版社,2013:289.
④ 十三经注疏·礼记正义[M].郑玄,注.孔颖达,疏.北京:北京大学出版社,2000:1917.
⑤ 阮元.十三经注疏·周礼注疏[M].北京:中华书局,1980:230.

公彦疏中又提道："大射在西郊虞庠中。"①郑玄认为西郊之学即射宫，这与《礼记·射义》所载相符。

《周礼》中有记载大射礼具体仪程的内容，《周礼·夏官·司弓矢》："大射、燕射共弓矢如数、并夹。"郑玄注曰："如数，如当射者之数也，每人一弓、乘矢。"②《春官·车仆》："大射，共三乏。"③"乏"为唱分者藏身所用屏障，与大射礼有三侯六耦相对。《夏官·射人》："若王大射，则以狸步，张三侯。"④此处说的是大射时三侯之间的间距要以狸步为工具来测量。

《周礼》中有记载大射礼用乐的内容。《春官·大师》："大射，帅瞽而歌射节。"瞽即瞽矇，是掌管演奏乐器，唱诵诗歌的职官。大射时瞽矇为大师所率歌诗来作为射箭的节拍。《春官·大司乐》："大射，王出入令奏《王夏》，及射，令奏《驺虞》。"⑤这与《礼记》《仪礼》所载相符，《夏官·射人》也记载说王"乐以《驺虞》九节、五正"⑥。

此外，《周礼》中还记载了大射礼所涉及的各种职官，如射人、乐人、司马、瞽矇等，这些职官在"《仪礼·大射仪》与西周大射礼"一节中有所讨论，这里就不再一一赘述了。

---

① 阮元.十三经注疏·周礼注疏[M].北京：中华书局，1980：271.
② 阮元.十三经注疏·周礼注疏[M].北京：中华书局，1980：9371.
③ 孙诒让.周礼正义[M].陈玉霞，王文锦，校点.北京：中华书局，1987：2195.
④ 孙诒让.周礼正义[M].陈玉霞，王文锦，校点.北京：中华书局，1987：2420.
⑤ 孙诒让.周礼正义[M].陈玉霞，王文锦，校点.北京：中华书局，1987：1711.
⑥ 孙诒让.周礼正义[M].陈玉霞，王文锦，校点.北京：中华书局，1987：2420.

综上所述，先秦很多文献中记载了当时举行的大射礼活动及大射礼仪程，西周金文中涉及大射礼的篇目虽然不多，但其中记载的大射礼内容比较丰富，仪节比较明晰。这些篇目很大程度上填补了传世文献的不足，通过对这些铭文的分析研究，使人们对西周大射礼有了更为全面、准确的认识。西周金文中所记载的大射礼，在仪程上与后代文献中所记载的有所不同，有些是因为社会的发展变迁使礼仪发生了变革，有些则是礼仪的举行者因地制宜、因时制宜而出现差异。如果说传世文献中所记载的大射礼的仪程，是大射礼的典范化、一般化仪程，那么西周金文中所记载的大射礼便是大射礼具体实践的记录，这正体现了周代礼乐制度的特点，礼乐制度中的礼仪从根本上来讲是为政治服务的，随着政治的需要开展礼仪活动，展现了西周统治者的施政手段。

记载大射礼的传世文献对素材有一定的加工整理，并且反映的大都是春秋时期及其以后的大射礼仪程，虽具有一定的参考价值，但也在一定程度上影响了我们对西周大射礼认识的真实性和完整性，从《仪礼》中所记载的大射礼内容与前代《诗经·行苇》和西周金文的对比，可以直观地看到大射礼在两周之际随着社会的变迁而发生的嬗变。本章结合经学家对先秦经典进行的注疏、整理，从细微之处入手，与出土文献进行比对，力求论据充足，结论合理。经本章分析整理后，传世文献中的西周大射礼资料弥补了出土文献的不足，使我们得以更进一步地窥见西周大射礼的真实面貌。

第四章　西周大射礼用乐考

乐，包含祝辞、音声、舞蹈等，在原始典礼中发挥着重要的功用，早在周公制礼作乐之时，礼与乐便是不可分割的整体。《礼记·乐记》曰："乐者为同，礼者为异。同则相亲，异则相敬。乐胜则流，礼胜则离。合情饰貌者，礼乐之事也。"[①]"乐统同，礼辨异。"[②]礼与乐二者相辅相成，礼的作用在于"别嫌明微"[③]，但如果只以礼来区别人们的身份，约束人们的行为，那么人与人之间的感情就会越来越淡薄。而乐的作用则正是"敦和"，正是通过乐将产生自人的内心的情感表现出来，从而通过情感的共鸣来拉近人与人之间的关系。正如杜国庠先生所言："礼即'别异'，则地位不同的人们中间自然免不了要郁积着不平之气吧，因此就必须用那有'合同'作用的乐，来调和或宣泄一下。"[④]礼与乐之间正是这样一种异质互补的关系，二者性质相互矛盾，但目的一致、相互补充，和谐地构成了礼乐制度这个统一体。

西周时期，礼乐一体，因此研究西周大射礼，大射礼用乐即是不可或缺的一部分，本书旨在通过考据分析大射礼用乐的具体仪节、乐器、乐曲篇目，来对西周大射礼进行了解认识，从而从乐的层面加深对西周礼乐关系的认识，对先秦尤其是西周的礼乐文化进行不同层面的分析与研究。

---

① 十三经注疏·礼记正义[M].郑玄，注.孔颖达，疏.北京：北京大学出版社，2000：1264.

② 十三经注疏·礼记正义[M].郑玄，注.孔颖达，疏.北京：北京大学出版社，2000：1917.

③ 杨天宇.礼记译注[M].上海：上海古籍出版社，2014：489.

④ 杜国庠文集编辑小组.杜国庠文集[M].北京：人民出版社，1962：275.

第一节　西周大射礼用乐仪节考

《仪礼·大射仪》中详细地记载了春秋时期诸侯大射礼的用乐仪程，鉴于其他文献中对西周大射礼用乐的仪程提及甚少，本书将在《仪礼》所载仪程的基础上加以考证，努力还原西周大射礼用乐的相关仪程。

《周礼·夏官·射人》载大射礼用乐的节次与差等为：王"乐以《驺虞》九节、五正"；诸侯"乐以《狸首》七节、三正"。①孙诒让认为此处之"正"，并非如郑玄所注，乃是"侯中所画之正"，而是说大射礼用乐的节次问题。"天子五正者，一金奏、二升歌、三下管、四间歌、五合乐也，诸侯大射无间歌、合乐"。②《仪礼·大射仪》所载乃诸侯大射礼，用乐过程与《仪礼·乡射仪》所载乡射用乐仪程基本一致，虽然规模要大得多，但规格要低于天子大射礼，只有金奏、升歌、下管"三正"，与《周礼》所载相符。现对《仪礼》所载大射礼的相关乐仪，具体划分为宿悬、射前燕礼时用乐、第三番射时以乐节射、射后燕飨时用乐四个阶段，逐一做分析。

---

① 孙诒让.周礼正义[M].陈玉霞，王文锦，校点.北京：中华书局，1987：2426.
② 孙诒让.周礼正义[M].陈玉霞，王文锦，校点.北京：中华书局，1987：2431.

一、宿悬：行礼前放置乐器

周礼乐悬分为常悬、暂悬两种情况。常悬用于路寝，暂悬用于举行礼仪的宗庙、学宫。大射礼一般在郊外学宫举行，其乐悬仪程属于暂悬，即在举行大射礼时暂时悬挂乐器于筍虡之上，不用乐时则去而藏之，因此需要宿悬这一仪程。《仪礼·大射仪》载：

> "乐人宿县于阼阶东。笙磬西面，其南笙钟，其南镈，皆南陈，建鼓在阼阶西，南鼓应鼙在其东，南鼓。西阶之西，颂磬东面，其南钟，其南镈，皆南陈。一建鼓在其南，东鼓。朔鼙在其北。一建鼓在西阶之东，南面。簜在建鼓之间。鑮倚于颂磬西纮。"①

大射礼举行的前夜，乐人负责放置乐器，即宿悬。宿悬阶段，只是钟磬鼓的悬挂摆放，其他如琴、瑟等乐器，在第二天礼仪中乐人登堂时，由随从的相者带至堂上。宿悬又包括陈设、悬挂、辨位、审声各步骤，天子礼，宿悬由大司乐、小胥、典庸器、视瞭等职官完成，《周礼·春官·典庸器》云："及祭祀，帅其属而设筍虡。"郑玄注："视瞭当以县乐器焉。"② 典庸器负责摆放悬挂钟磬的架子，筍为横架，虡为直架；视瞭乃是助大师悬挂摆放乐器之人，大师目盲，悬挂乐器时由视瞭悬挂，大师监督。辨位的步骤则要严格依照周礼中的乐悬制度，周人对于钟磬的使用有严格的规制，《周礼·春官·小胥》云："正乐县之位，王宫县，诸侯轩县，

---

① 十三经注疏·仪礼注疏[M].郑玄，注.贾公彦，疏.北京：北京大学出版社，2000：347-349.

② 阮元.十三经注疏·周礼注疏[M].北京：中华书局，1980：8536.

卿大夫判县，士特县，辨其声。"①周天子用钟磬时，用宫悬，即四面皆悬挂；诸侯用钟磬时，用轩悬，即只挂三面，如《大射仪》中所载乐器陈放（图4-1）。除陈设、悬挂乐器、根据礼仪规格安排乐器辨乐悬之位外，小胥、大司乐还要负责审声。小胥有"辨其声"之职，《周礼·春官·大司乐》云："凡乐事，大祭祀，宿县，遂从声展之。"②从其职官大小来看，小胥应是专司其事，大司乐应是总掌宿悬逐项事宜。

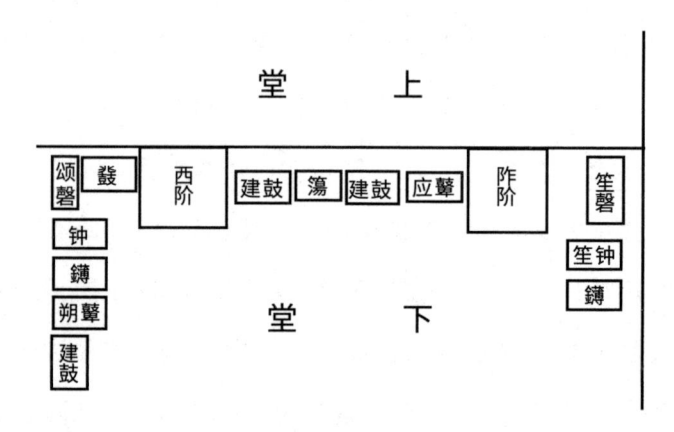

图 4-1　大射仪乐器陈放

二、射前燕礼时用乐阶段

大射礼射前燕礼阶段的用乐仪程主要分为两部分，一是迎宾酬宾时的"金奏"；二是宴饮时以乐娱宾的部分。宴饮时以乐娱宾的部分，即为燕礼中的正乐部分。

---

① 孙诒让.周礼正义[M].陈玉霞，王文锦，校点.北京：中华书局，1987：1822.

② 孙诒让.周礼正义[M].陈玉霞，王文锦，校点.北京：中华书局，1987：1779.

1. 迎宾酬宾时的"金奏"

"金奏"即奏金，因其使用的乐器以钟鏄为主而得名。"金奏"用于"正乐"之前，乐章为《九夏》，由钟师、鏄师、视瞭、磬师完成。《周礼·春官·钟师》云："钟师掌金奏。凡乐事以钟鼓奏九夏：《王夏》《肆夏》《昭夏》《纳夏》《章夏》《齐夏》《族夏》《祴夏》《骜夏》。"[①]《周礼·春官·大司乐》："王出入则令奏《王夏》；尸出入则令奏《肆夏》；牲出入则令奏《昭夏》。四方宾来奏《纳夏》；客出奏《祴夏》；公出入奏《骜夏》。"[②]孙诒让认为："天子诸侯又有金奏，以迎尸送尸，迎宾送宾，谓之先乐。"[③]《仪礼·大射仪》所载宾升自西阶时，西阶之钟鼓奏《肆夏》，正是宾入时的金奏。郑玄注云："《肆夏》，乐章也，今亡，以钟鏄播之，鼓磬应之，所谓金奏也"。[④]接下来主人为公洗爵，主人拜受爵时，阼阶下的钟鼓亦奏《肆夏》，此二者即为大射礼前燕礼阶段迎宾酬宾的金奏部分。

2. 燕礼中的正乐部分

正乐一般包括升歌、下管、间歌、合乐四节，但大射礼主射而不主乐，其正乐只包括升歌、下管二节。升歌乃是宴会登堂时所演奏的乐歌，下管因这一阶段由笙工、管工于堂下吹管而得名。

[①] 孙诒让.周礼正义[M].陈玉霞，王文锦，校点.北京：中华书局，1987：1886.

[②] 孙诒让.周礼正义[M].陈玉霞，王文锦，校点.北京：中华书局，1987：1886.

[③] 孙诒让.周礼正义[M].北京：中华书局，2013：217.

[④] 阮元.十三经注疏·仪礼注疏[M].北京：中华书局，1980：1330.

《仪礼·燕礼》："升歌《鹿鸣》，下管《新宫》，笙入三成。"① 正乐于宾受主人献酒后开始，小臣引乐工入堂。《仪礼·大射仪》载：

"乃席工于西阶上少东。小臣纳工，工六人，四瑟。仆人正徒相大师，仆人师相少师。仆人士相上工。相者皆左何瑟，后首，内弦，挎越，右手相。后者徒相入。小乐正从之。升自西阶。北面东上。坐授瑟乃降。小乐正立于西阶东。乃歌《鹿鸣》三终。"

郑玄注云："工，谓瞽矇善歌讽诵《诗》者也。六人，大师、少师各一人，上工四人。"② 参与升歌部分的乐工共六人，分别为大师一人，仆人正为其相者；少师一人，仆人师为其相者；上工四人，仆人士为其相者。仆人正徒相大师，大师无瑟，主歌，上工主瑟，少师亦主歌。

关于"歌《鹿鸣》三终"，文献中向来有不同说法，或认为此处与《仪礼》所载燕礼、乡饮酒礼同，乃是歌《鹿鸣》《四牡》《皇皇者华》三篇。元代敖继公《仪礼集说》卷七："三终，谓歌《鹿鸣》之什三篇，篇各一终。如《春秋传》所谓'工歌《鹿鸣》之三'是也。乡饮酒之礼歌《鹿鸣》《四牡》《皇皇者华》，其义曰：'工歌三终。'则益可见矣。"③ 清凌廷堪、黄淦亦秉持此论。

或认为就是单将《鹿鸣》这一篇诗歌三遍，郑玄注："《鹿鸣》，《小雅》篇也。人君与臣下及四方之宾燕，讲道修政之乐歌

---

① 十三经注疏·仪礼注疏[M].郑玄,注.贾公彦,疏.北京：北京大学出版社，2000：336.
② 阮元.十三经注疏·仪礼注疏[M].北京：中华书局，1980：1315.
③ 敖继公.仪礼集说[M].长春：吉林出版集团有限责任公司，2005：213.

也。……歌《鹿鸣》三终，而不歌《四牡》《皇皇者华》，主于讲道，略于劳苦与语事。"贾公彦疏："《四牡》劳使臣，此不用之。云'与谘事'者，谓《皇皇者华》有谘谋、谘度、谘询之事，亦略之也。"①《仪礼》所载燕礼、乡饮酒礼的升歌部分所歌都是《鹿鸣》《四牡》《皇皇者华》三篇，但郑玄与贾公彦都认为，大射礼此处只歌《鹿鸣》一篇。《鹿鸣》乃是描写君王"燕群臣嘉宾"、讲道修政之和乐盛况的诗歌，与大射礼"主于讲道"的性质相符，《四牡》乃是描写使臣劳于王事之歌，《皇皇者华》乃是描写人君派遣使臣四处访贤求策之歌，大射礼无劳使臣与求策之义，故只用《鹿鸣》不用其他两篇。但是，凡礼仪升歌皆歌《鹿鸣》《四牡》《皇皇者华》三终，并无大射礼例外的文献记载与实证，此说法略有牵强，故本书倾向于前者三篇皆歌的说法。

升歌后，主人须献酒于乐工，乐工受献后下堂，立于西阶鼓北，准备开始下管阶段。《仪礼·大射仪》载：

"大师及少师上工，皆降立于鼓北，群工陪于后。乃管《新宫》三终，卒管，大师及少师上工，皆东坫之东南，西面北上坐。"②

此处涉及的乐工种类，基本有两种说法，其一为"歌管同工"说，此说认为参与下管这一阶段的乐工与参与升歌这一阶段的乐工为同一批人，持此论者有王国维、江筠、黄以周等人。王国维认为根据《大射仪》原文记载，大师、少师及上工在进行完升歌阶

---

① 阮元.十三经注疏·仪礼注疏[M].北京：中华书局，1980：1276.
② 十三经注疏·仪礼注疏[M].郑玄，注.贾公彦，疏.北京：北京大学出版社，2000：368.

段后降于阶下，下管完成后有提到大师、少师及上工又于东阶上坐，下管一节乃是围绕此六人所描写，因此下管一节的乐工必以此六人为主。此外，据《大射仪》所载，下管完成后主人并没有同升歌时那样为乐工献酒。江筠、黄以周认为不献酒正是因为此处乐工与上一阶段乐工为同一批人，主人不需重复献酒，故有"歌管同工"一说。

其二为"歌管异工"说，此说则认为下管所使用乐工与升歌所使用乐工并不是一批人。孙诒让认为，大师、小师不掌吹管，升歌后降于阶下鼓北，只是为了击楝以令管工奏乐。而除降到阶下的乐工之外，尚有"群工"陪于其后。此处"群工"应包括管工与笙工，管乐与笙乐在周代雅乐中属于钟鼓磬乐的从属。管工与笙工不应同大师、少师同时进入堂中，因此升歌与下管两个阶段不可能由同一批乐工完成，故曰"歌管异工"。

上述两种说法，虽各有依据，但也皆有疏漏不足之处，大射礼所涉乐器之多，仅乐悬之时所设即为十三件，如只用参与升歌时的六工来操作，显然不合理。但如果说六工不参与下管一节，《仪礼·大射仪》中描写这一段时就不该以此六工为主要描写对象。因此本书认为，大师、少师及升歌主瑟的四位上工是参与下管阶段的，但参与下管阶段的乐工应不止此六人。《周礼·春官·大师》云："大祭祀，帅瞽登歌，令奏击拊。下管播乐器，令奏鼓楝。"《周礼·春官·小师》云："大祭祀，登歌击拊，下管击应鼓。"由此可见，大师与少师在下管部分乃是掌管击楝以"令奏"之事。《周礼》中记载瞽矇掌管"管"的演奏，因此降到阶下鼓北的四位上工，在下管一节应在西阶吹管。此外，此前乐悬时置于两阶之间的簜，应为其他管工所奏。除大师、少师、管工外，郑玄、贾公彦认为此处还有笙工，《仪礼·大射仪》云："管《新宫》三终。"郑玄注云："笙从工而入，既管不献，略下乐也，一立于东县之中。"①贾公彦根据《仪礼·燕礼》所载，也认为此处应有笙工，为避射位，故立于阼阶东部的乐悬之中。

下管部分由大师击楗开始，众工吹奏《新宫》三终，此处三终与"《鹿鸣》三终"同，乃是指《新宫》等三篇乐章，但其余两篇已亡佚，不可考。

3. 第三番射时用乐：以乐节射

宴饮娱宾后，即进行三番射阶段，三番射前两次射皆不用乐，唯第三番射以乐节射。其乐仪与《仪礼·乡射仪》所载乡射礼以乐节射阶段相同，分为请乐、奏乐两个阶段。

请乐阶段先由司射向诸侯请射，《大射仪》载曰：

> "司射与司马交于阶前，倚扑于阶西，适阼阶下，北面请以乐于公，公许。司射反，搢扑，东面命乐正曰：'命用乐。'乐正曰：'诺。'司射遂适堂下，北面视上射，命曰：'不鼓不释。'上射揖。"②

请射的流程为司射请于诸侯，诸侯同意后，司射返回命令乐正用乐，乐正应诺，司射到堂下命令射手"不鼓不释"，射手作揖表示遵守规则。

---

① 阮元.十三经注疏·仪礼注疏[M].北京：中华书局，1980：1280.
② 十三经注疏·仪礼注疏[M].郑玄，注.贾公彦，疏.北京：北京大学出版社，2000：400.

请乐结束后，乐正命大师奏乐，命其"奏《狸首》，间若一"，郑玄注："《狸首》，逸诗《曾孙》也。狸之言不来也。其诗有'射诸侯首不朝者'之言，因以名篇。"①《礼记·射义》云："其节，天子以《驺虞》为节，诸侯以《狸首》为节。"②根据《礼记》记载来看，天子大射应以《驺虞》之乐节射。据《毛诗序》言，《驺虞》乃是赞文王行仁政教化之诗，用于天子大射是合理的。此外，《周礼·春官·大司乐》云："大射，王出入，令奏《王夏》，及射，令奏《驺虞》，诏诸侯以弓矢舞。"③《乐师》亦云："（乐师）帅射夫以弓矢舞。"④从《周礼》记载可见，天子大射时，三番射阶段奏乐为《驺虞》，天子令诸侯进行弓矢舞。清代王引之《经义述闻·周官上》也提到这一点："乡射歌《驺虞》以射，与王大射同，则射夫亦当弓矢舞，故曰兴舞，兴者，作也，起也。"⑤《周礼·地官·乡大夫》载有射礼比赛的五条评价标准，"一曰和，二曰容，三曰主皮，四曰和容，五曰兴舞。"⑥其中"兴舞"一条，即是言射手射箭的身姿要与音乐相配，即《周礼》所载"弓矢舞"。

此三番射结束后，音乐、射事不停，参与射礼的人员继续行射，但其射节并不需要再合乐节。如《大射仪》所载："宾待于物

---

① 阮元.十三经注疏·仪礼注疏[M].北京：中华书局，1980：1298.
② 十三经注疏·礼记正义[M].郑玄，注.孔颖达，疏.北京：北京大学出版社，2000：1914.
③ 孙诒让.周礼正义[M].陈玉霞，王文锦，校点.北京：中华书局，1987：1782.
④ 孙诒让.周礼正义[M].陈玉霞，王文锦，校点.北京：中华书局，1987：1811.
⑤ 王引之.经义述闻[M].南京：江苏古籍出版社，2000：187.
⑥ 孙诒让.周礼正义[M].陈玉霞，王文锦，校点.北京：中华书局，1987：850-851.

如初。公乐作而后就物，稍属，不以乐志。其他如初仪。"①

行射活动进行完后，即是"无算乐""无算爵"的燕饮时间。"无算乐"又有金奏一节。此金奏分为宾出、公入两个阶段。宾出阶段，宾客撤离，宾客离开时金奏开始，乐工奏《陔夏》之乐以送，宾客走到门内屋檐下，将从席中带走的干肉送给奏钟之工答谢。最后，诸侯从学宫离开返回都城时，乐工奏《骜夏》之乐以送之。因射宫在郊，故诸侯离开射宫返回都城被称为"公入"。至此大射礼用乐仪节完成，大射礼也随之结束。

可以说大射礼仪式的大部分过程都涉及了用乐，大射礼用乐穿插在燕礼和射礼之中，通过调和氛围，以乐节射，充分体现了乐的"统同"作用。作为对礼的补充，它使大射礼的行射活动发展到了射礼的最高层次，使射者开始注重自身修养，"正己而后发"②。本书所分析的大射礼用乐，虽然是基于《仪礼·大射仪》所载春秋大射礼仪程，但也结合其他文献对西周大射礼用乐有所考辨。由于文献记载有限，本书所考大射礼用乐仪节与西周大射礼原貌仍有一定差距，因此本书分析用乐仪节只是对西周大射礼用乐仪节的浅析，以期一窥西周大射礼用乐仪节的原貌。

---

① 十三经注疏·仪礼注疏[M].郑玄，注.贾公彦，疏.北京：北京大学出版社，2000：401.
② 十三经注疏·孟子注疏[M].赵岐，注.孙奭，疏.北京：北京大学出版社，2000：115.

第二节　西周大射礼所用乐器考

大射礼所用乐器，据《仪礼·大射仪》所载，共分为三种类型，分别为金石类乐器、匏革类乐器、丝竹类乐器。金石类乐器有：钟（笙钟）、镈、磬（颂磬、笙磬）。匏革类乐器有：笙、建鼓、朔鼓、朔鼙、应鼙、鼗。丝竹类乐器有：管、簜、瑟。本书将对这些乐器的具体种类、作用、使用等级做考据分析，从而进一步分析西周大射礼用乐的具体内容与社会作用。

1. 大射礼所用金石类乐器

大射礼所用金石类乐器按大类来分，分为金类乐器与石类乐器，金石类乐器是大射礼金奏部分的主要应用乐器。金类乐器顾名思义，即为金属铸成的乐器，在大射礼中，钟、镈即为金类乐器。

钟（编钟），包括甬钟和钮钟两种类型，相较于甬钟，钮钟出现较晚，目前所见时代最早的钮钟是出土于1956年东虢太子元墓的一套钮钟，时间为西周末年至春秋初年。钮钟因器型轻便，结合了甬钟和铃的优点，一出现便在当时迅速地得到了广泛的应用。鉴于春秋时期依然是甬钟的繁盛期，那么出现在春秋时期诸侯大射礼上的编钟很可能兼有甬钟和钮钟两种类型。但西周早中期的天子大射礼上使用的编钟应该单纯由甬钟构成。而《大射仪》中提到的笙钟，仅仅是对不同位置摆放的钟的称呼，并非不同类型的钟。郑玄注云："笙，犹生也。"①胡培翚正义引褚寅亮曰："东为阳中，万物以生，故东方曰笙钟、笙磬。"②故笙钟乃是陈于东方之钟。此外，钟无论甬钟还是钮钟，皆是一钟双音，周代钟乐五音缺商，表现出周人对商的否定态度。

鎛（编鎛），其形制接近于钟，但口作平口，出土的鎛也有自称为钟的，可以算作为广义上钟的一种。从出土编鎛的音乐性能来看，其音域的最高区正好与甬钟音域的最低区衔接，可见编鎛一般是搭配编钟来使用的。从《大射仪》所载乐悬的位置上也可看出，钟与鎛的确是放置在一起进行演奏的。

大射礼所用石类乐器，只有磬一种，关于《大射仪》中提到的笙磬、颂磬，《周礼》郑玄注则云："磬在东方曰笙，笙，生也。在西方曰颂，颂或作庸；庸，功也。"贾公彦疏亦云："以东方是生长之方，故云笙。西方是成功之方，故云庸；庸，功也。谓之颂者，颂者，美盛德之形容，以其成功告於神明，故云颂。"③可见，笙磬、颂磬之名得于其方位，而非其种类。磬可谓是最古老的打击乐器，《尚书·舜典》中即载有击磬的场景。西周到战国时期，磬的形制上为倨句形，下为微弧形，从出土的磬的形制来看，磬在演奏时也是以成组的编磬形式出现的。

在西周等级森严的礼乐制度下，金石类乐器作为周代雅乐所使用的主要乐器种类，在使用等级上有着非常严格的规定。《仪

---

① 十三经注疏·仪礼注疏[M].郑玄，注.贾公彦，疏.北京：北京大学出版社，2000：347.
② 胡培翚.仪礼正义[M].清同治苏州汤晋苑局补刊本影印本.
③ 阮元.十三经注疏·周礼注疏[M].北京：中华书局，1980：8217.

礼·乡射礼》郑玄注曰："钟鼓者，天子诸侯备用之，大夫、士鼓而已。"①大夫和士没有资格使用钟乐，因此在行礼时没有金奏的乐仪。在有资格使用金奏的人群中，金石类乐器的使用也是有严格的等级限制的，正如《周礼》所载："王宫县，诸侯轩县。"②曾侯乙墓中发现的三面曲尺形筍虡（悬挂钟磬所用架子），正是所谓诸侯轩悬之礼。直到春秋末年，礼坏乐崩之际，金石类乐器才为中下层贵族所僭越使用。

2. 大射礼所用匏革类乐器

大射礼使用的匏类乐器为笙，西周时期按照制作材料，将乐器分为八类，称为"八音"。笙，在古代八音中属匏类。笙乐在以钟鼓磬乐为主体的周代雅乐中一直都处于陪衬地位。大射礼中，笙仅仅作为下管阶段管乐的衬音出现，由视瞭来进行演奏。《周礼·春官·笙师》云："（笙师）掌教吹竽、笙、埙、钥、箫、篪、篴、管。春牍、应、雅。以教祴乐。"郑玄注："教，教视瞭也。"③可知笙的实际演奏者为视瞭。战国时期，笙的使用较为广泛，《韩非子·解老第十二》言："竽也者，五声之长者也。故竽先则钟瑟皆随，竽唱则诸乐皆和。"④竽乃是有三十六簧的大笙（普通笙十三簧），竽笙是古代除钟磬、琴瑟外的第三类定律乐器。战国随着周

---

① 十三经注疏·仪礼注疏[M].郑玄，注.贾公彦，疏.北京：北京大学出版社，2000：348.

② 孙诒让.周礼正义[M].陈玉霞，王文锦，校点.北京：中华书局，1987：1823.

③ 阮元.十三经注疏·周礼注疏[M].北京：中华书局，1980：8130.

④ 韩非子[M].高华平，王齐洲，张三夕，译注.北京：中华书局，2010：187.

代雅乐的衰败，钟磬逐渐失去其定律地位，琴瑟等弹拨乐器尚未盛行，竽笙在这个时期被誉为"五声之长"是必然的。从此可以推断，战国时期的大射礼的乐仪与《仪礼》中所载的大射礼乐仪又将有所不同。

大射礼使用的革类乐器有建鼓、朔鼓、朔鼙、应鼙、鼗。鼓是西周雅乐三种主要乐器之一，鼓的历史悠久，《世本》中既有"夷作鼓"与"巫咸作鼓"两种说法，鼓的种类多种多样。从出土情况和文献记载来看，就有铜鼓、石鼓、木鼓等不同种类。除种类外，三代鼓的摆放制度也不一致，《礼记·明堂位》曰："夏后氏足鼓，殷楹鼓，周县鼓。"[①]周代乐悬制度中，鼓是被悬挂在笋虡上的，这与《仪礼·大射仪》所载相符。建鼓，是周制大鼓的一种，其形制为大鼓鼓腔穿径为孔，以木贯穿之，其状如树，故建鼓又称为"植鼓"。建鼓在大射礼时，被摆放在西阶。朔鼓，即棘，是周代的一种小鼓，乐人敲击用以引乐。大射礼时，下管阶段的演奏，要由大师敲击朔鼓令奏。因为"朔"有开始之意，故亦称棘为朔鼓。鼗，即鼗鼓，也作鞉鼓，亦是周代的一种小鼓，其形制类似于拨浪鼓。《礼记·王制》曰："天子赐诸侯乐，则以柷将之，赐伯子男乐，则以鼗将之。"注云："柷、鼗皆所以节乐。"[②]鼗鼓是边远地区传到中原来的鼓种，周天子赐伯子男鼗鼓用以节乐，由此可见鼗鼓在雅乐演奏中起启乐和止奏的作用，《尚书·益稷》中"下

---

① 十三经注疏·礼记正义 [M].郑玄，注.孔颖达，疏.北京：北京大学出版社，2000：1105.

② 十三经注疏·礼记正义 [M].郑玄，注.孔颖达，疏.北京：北京大学出版社，2000：432.

管鼗鼓，合止柷敔"①正是此意，那么鼗鼓在大射礼中起到的也应是启乐和止奏的作用。

鼙，即鼙鼓，亦作鞞鼓。鼙鼓主要应用于军事，《周礼·夏官·司马》称："中军以鼙鼓令鼓"②鼙鼓因体积小，多置于军中马上，由传令者穿行于营中击鼓传达号令。大射礼中的鼙鼓有朔鼙、应鼙之分，郑玄注云："朔，始也。奏乐先击西鼙。"③朔鼙摆放在西阶西侧，击鼓之时先击西侧之鼙，故称其为朔鼙，清代金鹗认为朔鼙是楝这种乐器，也是根据先击这一点。应鼙则放置于西阶之东，奏乐时先击西侧朔鼙，再击东侧之鼙以应之，故称之为应鼙。《周礼·春官·小师》："下管，击应鼓。"郑玄注："应鼙也。"④因此，应鼙也作应鼓。

在周代雅乐中，鼓乐的地位非常高，有"鼓似天，钟似地"之说。《礼记·乐记》言周乐《大武》："始奏以文，复乱以武。"郑玄疏曰："始奏以文者，文谓鼓也，言始奏之时先击鼓。"⑤故可知《大武》的前奏乃是鼓乐。周代掌乐的职官中，小师、钟师、龠章等皆有司鼓之职。但相较钟乐来说，鼓乐的应用更为广泛，不同于钟乐只能为天子诸侯所用，鼓也被允许出现在低级贵族大夫、士的堂上，甚至民间的行巫、丧葬等场面也时常要用到鼓。鼓在

---

① 尚书正义[M].孔安国，传.孔颖达，正义.上海：上海古籍出版社，2007：179.
② 孙诒让.周礼正义[M].陈玉霞，王文锦，校点.北京：中华书局，1987：2365.
③ 阮元.十三经注疏·周礼注疏[M].北京：中华书局，1980：8432.
④ 阮元.十三经注疏·周礼注疏[M].北京：中华书局，1980：8155.
⑤ 阮元.十三经注疏·礼记正义[M].北京：中华书局，1980：1960.

音乐演奏中常常起到号令起止、击以为节的作用，因此大射礼中除金奏处用鼓以外，第三番射以乐节射时，也是以鼓点为节奏的，可以说鼓乐在大射礼中起重要的作用。

3. 大射礼所用的丝竹类乐器

大射礼所用的丝竹类乐器有瑟、管、簜三种乐器。在以钟鼓磬乐为主的周代雅乐体系中，丝竹乐带来的旋律美感一直节制于打击乐的节奏之中。有秩序的美感，才是周代雅乐的追求。春秋战国时期，礼坏乐崩，人们才逐渐抛开钟鼓磬乐带来的制约，沉迷于丝竹乐的旋律美感中。

瑟，属于八音中的丝类乐器，是我国最早的弹拨乐器之一。出土的瑟多为二十五弦，由整张木材制成，由传统的五声音阶调弦，这种单木所制、二十五弦的古瑟，在南北朝时即已失传，因此唐朝李商隐诗中，才有"锦瑟无端五十弦"的说法。《大射仪》中提到升歌部分有相者携四瑟参与，相者携瑟须左手持瑟，使瑟首向后，弦朝向内侧，相者在堂上将瑟交给坐在西阶上的瑟工。瑟工先于大师、少师入堂，郑玄注云："瑟先，贱者先就事也。"[1]因主瑟的瑟工地位比主歌的大师、少师要低，因此瑟工先于歌工上堂。在升歌过程中，瑟承担主要的伴奏。

管与簜，属于八音中的竹类乐器。管乃是竹制六孔吹奏型乐器，但《大射仪》下管阶段提到的管应该是管乐的泛指，其中包括箫、管、籥、篪等乐器，此处管乐应由笙师或瞽矇带领视瞭于堂下演奏。簜，本意为大竹，又指笙箫等竹制的乐器，《大射仪》

---

[1] 十三经注疏·仪礼注疏[M].郑玄，注.贾公彦，疏.北京：北京大学出版社，2000：365.

载，乐悬之时将簜置于两阶之间的建鼓中间，这与下管阶段管工所站立的位置相符，因此乐悬时所置之簜乃是指下管时管工所演奏的箫、管等乐器的统称。

瑟、管等丝竹类乐器在西周时期仅为钟鼓磬乐的陪衬，但随着礼坏乐崩，雅乐体系逐渐解体，春秋中后期开始，丝竹管弦乐器逐渐从原有体系中解脱出来，成为大小贵族所喜爱的乐器，从《仪礼·大射仪》的乐仪中也可看出，丝竹乐所具有的旋律美的娱宾作用，是钟鼓磬这类庄严肃穆类乐器所不具备的。

大射礼因重射的原因，在乐仪上较燕礼、乡饮酒礼等典礼少了很多节次，但在乐器的使用上却较为隆重，所涉乐器仅钟鼓磬三类即多达十种，充分展现了西周雅乐在乐器使用上的特点。通过对这些乐器种类的分析和对这些乐器使用特点的研究，把大射礼用乐作为切入点，从乐器层面对西周礼乐文明进行探讨，让我们对西周雅乐有了更加深入的了解。"礼坏乐崩"在春秋时期的萌芽，在上文对乐器使用的分析上，也可窥见一二。

第三节　西周大射礼所用乐曲考

周代礼仪所用乐曲多载于《诗经》，其中，祭祀用乐多载于《颂》，宫廷礼仪用乐则载于《大雅》《小雅》，民间俗乐则载于《风》。《诗经》所载诗篇，大多重章叠句，便于咏叹，正如《毛诗序》所言：

"诗者，志之所之也，在心为志，发言为诗，情动于中而形于言，言之不足，故嗟叹之，嗟叹之不足，故咏歌之，咏歌之不足，不知手之舞之、足之蹈之也。"①

"雅"乃王畿之乐，王畿周人称之为"夏""雅""夏"古代通用。雅又有"正"的意思，周人把王畿之乐看作是正声——即典范的音乐。大射礼用乐属于宫廷礼仪用乐，其升歌用乐《鹿鸣》《四牡》《皇皇者华》皆载于《小雅》，下管用乐《新宫》，据郑玄所注，也属《小雅》佚篇。金奏所用的九夏之乐和用以节射的《狸首》已经亡佚，这些乐曲篇目也应是记载于《诗经》中的。

大射礼燕饮娱宾部分的乐仪，由升歌与下管两部分构成。升歌部分涉及的乐曲篇目为"《鹿鸣》三终"。关于"《鹿鸣》三终"，上文已经进行了分析，笔者认为"《鹿鸣》三终"指的是《鹿鸣》《四牡》《皇皇者华》三篇乐歌。

而且这三篇乐歌在《诗经·小雅》中前后相连，主题都是燕飨娱宾，在燕礼与乡饮酒礼中，升歌部分使用的乐歌也是这三篇。郑玄注解《乡饮酒礼》时说："三者皆《小雅》篇也。《鹿鸣》，君与臣下及四方之宾燕，讲道修政之乐歌也。此采其已有旨酒，以召嘉宾，嘉宾既来，示我以善道。又乐嘉宾有孔昭之明德，可则效也。《四牡》，君劳使臣之来乐歌也。此采其勤苦王事，念将父母，怀归伤悲，忠孝之至，以劳宾也。《皇皇者华》，君遣使臣之乐歌也。此采其更是劳苦，自以为不及，欲谘谋于贤知而以自光明也。"② 从郑玄的注解中可以看出，这三篇乐歌都是对使者而言

---

① 卜商.诗序[M].北京：商务印书馆，1937：1.
② 十三经注疏·仪礼注疏[M].郑玄，注.贾公彦，疏.北京：北京大学出版社，2000：169-170.

的，主旨一致。但在礼乐制度森严的等级下，诸侯劳使臣的乐歌是不可能适用于全部的燕饮场面的。

"穆叔如晋，报知武子之聘也，晋侯享之。金奏《肆夏》之三，不拜。工歌《文王》之三，又不拜。歌《鹿鸣》之三，三拜。韩献子使行人子员问之，曰：'子以君命，辱于敝邑。先君之礼，藉之以乐，以辱吾子。吾子舍其大，而重拜其细，敢问何礼也？'对曰：'三《夏》，天子所以享元侯也，使臣弗敢与闻。《文王》，两君相见之乐也，使臣不敢及。《鹿鸣》，君所以嘉寡君也，敢不拜嘉。《四牡》，君所以劳使臣也，敢不重拜？《皇皇者华》，君教使臣曰：'必咨于周。'臣闻之：'访问于善为咨，咨亲为询，咨礼为度，咨事为诹，咨难为谋。'臣获五善，敢不重拜？'"（《左传·襄公四年》）①

"《文王》之三"此处与"《鹿鸣》之三"同，是指《文王》等三篇乐歌。穆叔在奏《文王》时不拜，是因为《文王》乃是两君相见时所奏升歌，不符合他使臣的身份，而后奏的《鹿鸣》三篇才是劳使臣之乐歌，符合穆叔使臣身份，故穆叔三拜。郑玄曰："然则诸侯相与燕，升歌大雅，合小雅。天子与次国、小国之君燕，亦如之；与大国之君燕，升歌《颂》，合《大雅》。其笙间之篇未闻。"② 故知，西周大射礼前行燕礼时的升歌，也是随着宾主双方身份的不同而改变的，如义盉盖上所记载的是天子在鲁行大

---

① 杨伯峻.春秋左传注[M].北京：中华书局，2009：932-934.
② 十三经注疏·仪礼注疏[M].郑玄，注.贾公彦，疏.北京：北京大学出版社，2000：177.

射礼，参加者必定有鲁君，鲁君乃是大国诸侯，升歌应奏《诗经》中《颂》部乐歌。据《周礼·大司乐》所载"大飨不入牲，其他皆如祭祀"①，可知天子飨礼用乐与祭祀用乐同等。《礼记》中《祭统》《明堂位》皆记载言天子祭礼升歌用《清庙》，下管用《象》，《仲尼燕居》亦曰："大飨，……两君相见，升歌《清庙》。"②《清庙》正是《诗经·周颂》中的第一篇，《毛诗序》言其为祀文王之作。如此看来，义盉盖上所载天子大射礼在射前燕飨时升歌部分所使用的乐歌应为《清庙》，郑玄所言"与大国之君燕，升歌《颂》"③者，亦本于此。

从《大射仪》所记载的乐仪来看，《鹿鸣》等三篇在大射礼上的呈现方式是歌咏加奏乐。歌咏由大师与少师完成，奏乐由上工鼓瑟来完成，瑟的律调与咏诗的律调相和，共同完成娱宾、安宾的作用。《清庙》的演奏方式与《鹿鸣》三篇相同，但规格应有所提高，如《颂》的乐调较《雅》更为恢宏，而单单用瑟是不能演奏出《颂》的风格的，因此大量的钟鼓磬乐将占《清庙》演奏的大部分；演奏《鹿鸣》的乐工的人数为六人，演奏《清庙》的人数应随着钟鼓磬等乐器的加入而增多，咏诗的乐工也不可能只有两人。但有关《清庙》的演奏场面，文献中并无相关记载，以上仅仅是根据礼乐制度的惯性所做出的推测。

---

① 孙诒让.周礼正义[M].陈玉霞，王文锦，校点.北京：中华书局，1987：1781.

② 十三经注疏·礼记正义[M].郑玄，注.孔颖达，疏.北京：北京大学出版社，2000：1619.

③ 十三经注疏·仪礼注疏[M].郑玄，注.贾公彦，疏.北京：北京大学出版社，2000：177.

下管部分的《新宫》三篇已不可考,由郑玄所注可知《新宫》属于《小雅》佚篇。其他两篇篇目不可考,但按《鹿鸣》三篇之例,可能也属于《小雅》。但《礼记》中记载天子下管用《象》,郑注云:"《象》谓《周颂·武》也。"①《周颂·武》乃是周武王克商后所作的《大武》乐章中的一章,但考虑到《大武》乃是舞乐,应配合舞蹈进行演奏,如果真如郑玄所言,周天子用乐下管时奏《周颂·武》,也应配以相应的乐舞,但《大射仪》中记载的诸侯用乐,下管时并无伴舞,因此郑玄之说,尚需考证。

金奏之时所奏之乐,宾入时奏《肆夏》,宾出时奏《陔夏》,诸侯入时奏《骜夏》。《肆夏》《陔夏》《骜夏》皆属于九夏,九夏乃金奏之乐。《周礼·春官·钟师》曰:"钟师掌金奏。凡乐事以钟鼓奏九夏:《王夏》《肆夏》《昭夏》《纳夏》《章夏》《齐夏》《族夏》《祴夏》《骜夏》。"郑玄注云:"九夏皆诗篇名,颂之族类也。此歌之大者,载在乐章,乐崩亦从而亡。"②清夏炘《学礼管释·释九夏乐章》:"九夏皆门庭之乐也。《周礼·大司乐》:'王出入则令奏《王夏》;尸出入则令奏《肆夏》;牲出入则令奏《昭夏》。'出入,谓出门入门也。"③这样看来,九夏类似于现代大型活动或宴会上所放的欢迎曲和欢送曲,九夏乐章的具体内容现在也已经亡佚。但根据上述记载,金奏时,根据迎送的人的身份不同,奏不同的乐章。那么天子行大射时,根据《周礼》所载,射礼结束后天子离开射宫

---

① 十三经注疏·礼记正义 [M]. 郑玄,注. 孔颖达,疏. 北京:北京大学出版社,2000:1092.

② 孙诒让. 周礼正义 [M]. 陈玉霞,王文锦,校点. 北京:中华书局,1987:1886.

③ 夏炘. 学礼管释 [M]. 清咸丰十年景紫山房刻本影印,1860.

返回王城时，应奏《王夏》之乐；而《国语·鲁语》曰："金奏《肆夏》《繁遏》《渠》，天子所以飨元侯也。"①可见天子大射宾入之时也应奏《肆夏》；《仪礼·乡饮酒礼》曰："宾出奏《陔》。"汉郑玄注云："《陔》，《陔夏》也，陔之言戒也，终日燕饮，酒罢，以《陔》为节，明无失礼也。"②由此看来，天子大射宾出之时奏《陔夏》也无不可。

节射之乐，据《礼记》记载，天子大射，歌《驺虞》以为节；诸侯大射，歌《狸首》以为节；大夫大射，歌《采蘋》以为节；士大射，歌《采蘩》以为节。这里的"节"，当指《周礼·夏官·射人》所载之"九节五正""七节三正""五节二正"之节。王以六耦射三侯，三获三容，乐以《驺虞》，九节五正；诸侯以四耦射二侯，二获二容，乐以《狸首》，七节三正；孤卿大夫以三耦射一侯，一获一容，乐以《采蘋》，五节二正；士以三耦射豻侯，一获一容，乐以《采蘩》，五节二正。所谓"节"是指乐曲演奏完一遍，而"正"是指在乐曲伴奏的过程中准备射箭的活动，即在审听乐节，准备射箭时，端正观念与姿势的意思。地位尊者的准备时间较长，而卑者准备时间较短。关于大射礼节射之乐的乐章，天子大射时用《驺虞》之乐节射，"驺虞"是传说中的仁兽，在《山海经》中既有记载，《驺虞》之诗乃是《诗经·国风·召南》中的一篇，《毛诗序》说是歌颂文王教化的诗篇，后世大多根据诗的内容认为这是一篇称颂射猎之人射技高超的诗篇。诸侯大射节射之乐为《狸首》，《仪礼·大射仪》郑玄注云："《狸首》，逸诗《曾孙》也。狸

---

① 左丘明.国语[M].沈阳：辽宁出版社，1997：37.
② 阮元.十三经注疏·仪礼注疏[M].北京：中华书局，1980：1176.

之言不来也。其诗有'射诸侯首不朝者'之言，因以名篇。"①此诗乃《曾孙》之说，因二者皆已亡佚，因此不可考。但《狸首》之诗中有"射诸侯首不朝者"之句，是合理的，这与射侯的最初之义是一样的，虽然不能确定《狸首》诗的真正含义，但不排除这种可能。

综上所述，大射礼不仅通过严谨的礼仪程序来约束人们的行为，还通过乐来调和人的心情，修养人的性情。《仲尼燕居》云："不能乐，于礼素。""达于礼而不达于乐，谓之素。达于乐而不达于礼，谓之偏。"②在中国古代礼乐文明之中，乐为其体，礼为其用，二者互为唇齿，相偕存在。可以说，中国早期文明中的礼乐文化，其真正的文化内涵，正在于对礼与乐二者之间关系的调和。"乐胜则流，礼胜则离"③。如果过分依靠乐来维系人与人之间的关系，那么人之间则会因过分亲近而显得轻慢狎昵；如果过分依靠礼来维持人与人之间的关系，那么人们之间则会因为区别对待而显得疏离隔阂。只有合适的礼仪、和谐的音乐，才能使人们在划定的尊卑界限内因产生共同的情感而相和，从而达到"同民心而出治道""揖让而治天下"的政治作用。

从大射礼中所表现出的和谐的礼乐关系可以看出，礼与乐对人的作用虽然不一样，但二者确系出同源，皆是发乎人的本心而又归于人的本心。礼虽然是"动于外者"，是通过人的外貌形体

---

① 阮元.十三经注疏·仪礼注疏[M].北京：中华书局，1980：1298.
② 十三经注疏·礼记正义[M].郑玄，注.孔颖达，疏.北京：北京大学出版社，2000：1619-1620.
③ 十三经注疏·礼记正义[M].郑玄，注.孔颖达，疏.北京：北京大学出版社，2000：1264.

来表现的，但如若心不正那么就会影响到人的外貌行为，使其不符合礼的要求。乐也是如此，无论黄钟、大吕等乐律还是钟、磬、鼓、瑟等乐器，对乐来说都是次要的，重要的是人在听乐时所体会到的内心的感悟。将礼与乐求同存异的有机结合在一起，利用其互补性而制定的礼乐制度，则是周王朝的立国之基、治国之本。

第五章　大射礼与西周社会

第五章 大射礼与西周社会

西周是礼乐文化的发展成熟期，发源于原始社会生活的礼和乐，经由夏商两代的融合与沉淀，逐渐形成了一种以礼为主、以乐为辅的文化类型。黄帝在战胜蚩尤、炎帝之后，曾在泰山"大合鬼神"①，即将其所征服部落的礼乐、习俗、图腾进行了一次大融合，形成新的图腾和礼乐文化。周的建立者也采取了这种方式，使前代的礼乐习俗与周部族的礼乐习俗相融合，形成了周初的礼乐习俗，西周统治者进而用明确的制度固定了这种礼乐习俗的社会地位，最终使其成为一种成熟的、对后世影响至深的文化类型，正如孔子所言："周监二代，郁郁乎文哉，吾从周。"②

西周的礼乐文化衍生出了礼乐制度，礼乐制度反之巩固了礼乐文化的社会地位，促进了礼乐文化的流传与发展，使其成为影响后世程度至深的文化类型，甚至于形成了为中国社会所独有的礼乐文明。大射礼作为嘉礼的一种，不仅是与祭祀有关的礼仪活动，还是由统治者亲自参与选士的政治活动，文化与制度相互作用的关系，在大射礼上体现得尤为明显。所谓窥一斑而见全豹，本章旨在通过分析大射礼与西周社会各方面之间的关系，一窥周代礼乐文明中，制度与文化之间的内在联系。

大射礼无论是作为一种制度，还是作为一种文化，都对西周社会有着不可磨灭的影响。从大射礼与西周社会之间的复杂关系来看，在社会教育方面，它通过影响西周各阶层的意识形态，从而影响整个西周社会的主观价值取向；在政治方面，它具有内合宗亲、外慑诸侯、远威异族的功用；在社会风俗方面，它间接地

---

① 司马迁. 史记 [M]. 北京：中华书局，1999：1079.
② 杨伯峻. 论语译注 [M]. 北京：中华书局，2009：28.

对西周很多社会风俗的产生和发展造成影响，又反过来受到这些社会风俗的影响，而实现自身的改变和发展。

第一节　大射礼与西周的政治制度

《史记·周本纪》载："成王既绌殷命，袭淮夷，在丰作《周官》，兴正礼乐。制度于是改，而民和睦，颂声兴。"[①]周代先王结束商王朝的统治后，总结了前朝覆灭的历史经验，建立起以礼乐维护统治的政治制度。礼乐制度以礼为主、以乐为辅，对西周以宗法分封制建立起的社会阶层结构起到了有效的维稳作用。然而礼乐制度并不是一蹴而就的，一种制度的产生到确立再到确立后的不断完善，是需要大量时间来完成的。西周初期礼乐制度的确立，是一个统治阶层在西周社会环境的影响下，对继承自先王朝的制度不断进行改善的过程。礼乐制度不是突然出现的，它具有继承性和发展性。大射礼作为嘉礼的一种，也是礼乐制度的一部分，大射礼既有作为信仰、审美层面上的"礼"的特性，也有作为政治制度层面上的"礼"的表现。

作为政治制度存在的大射礼，起到的政治作用主要表现在三个方面：其一，是大射礼在人才选拔方面起到的作用；其二，是大射礼在维持周宗族内部和谐方面起到的作用；其三，是大射礼在震慑诸侯、巩固周王朝统治方面起到的作用。

---

① 司马迁.史记[M].北京：中华书局，1999：83.

一、大射礼的选才功能

大射礼举行的目的，即周王为选择随从参与祭祀者。《礼记·射义》中提到的天子参加祭祀之前，"必先习射于泽"，然后再于射宫中进行正式的比赛，射中者得以参与祭祀，并且会受到增益封地提升爵位的奖赏；射不中者不仅不能参与祭祀，反而还要受到削减封地的处罚。从这里可以看出，大射礼是周王选拔人才，黜落庸者的重要途径。

前面提到过，大射礼最初是由射侯之礼发展而来，《射义》中亦云："古者天子，以射选诸侯、卿大夫、士。"射为诸侯，便是早期大射礼的最终目的，胜者随周王参加祭祀，正是他们通过射箭优胜而赢得的权力的巩固和象征。以柞伯簋所载大射礼为例，柞伯在行射活动中优胜，因此周王赐给他赤金作为奖励。此外周王还赏赐柞伯"柷敆"，本文虽释为乐器，但也有释其为封地之说，此说便是基于射为诸侯之说而推导出的结论。

周初，大射礼的这种政治作用尤为重要，西周先王与成康之际，战乱未息，周天子在选士的过程中重视武力值高的人才是理所当然的。但到了西周中后期，礼乐制度发展到顶峰，大射礼虽然仍是君王选士的重要途径，但其选士的侧重方向却已经发生改变。随着以乐节射这一形式，和"射而不中，反求诸己"这种以射修身思想的出现，大射礼的优胜者不仅以武力为天子青睐，择士的君主更注重的变成了优胜者的道德修养以及行为规范。这也是礼乐制度随着社会变迁而不断进行改变所表现出的发展性，在大射礼这一方面上的体现。

二、大射礼对内的和合功能

大射礼对内的和合作用，一是体现在《行苇》一诗中所提到的养老作用，二是体现在大射礼的礼仪和用乐对宗族内部各个阶层的约束调和作用这两个方面。《行苇》一诗，笔者判断为描写大射礼的诗作，其中诗的最后一章即提到周成王在举行大射礼后，对宗族内部长者进行抚慰，行养老礼的内容。郑玄笺注中提到"周之先王将养老，先与群臣行射礼，以择其可与者以为宾"，据《乐记》所言，"养老"之礼与祭祀之礼相类。西周初期，周部族定鼎中原，统治地位并不十分稳固，宗族内部的和谐显得尤为重要，成王在大射礼后的尊老亲贤之举，显然是和合宗亲的重要政治举措。但根据《仪礼》所记载的大射礼的程序来看，这个尊老亲贤的举动已经不复存在，也就是说随着社会的发展，大射礼的这种政治功用逐渐消失，为其他的政治活动而取代。

大射礼的礼仪仪程十分烦琐，各个阶层分别负责由上而下的各种事务，上到参与射礼的周天子和各国诸侯，下到参与射礼服务工作的士的阶层，每人都有自己的行为规范，不容一丝一毫的差错。这就使得宗族内部各阶层，能够明确自己的权利和义务，不逾矩，不妄思，不会有以下克上，妄图打破宗法制规则的行为出现，最大程度保证宗族内部秩序井然。而大射礼的用乐部分，除了燕饮阶段用以娱情的笙歌下管，还有射后用以宾主、宾宾之间交流情感的无算爵、无算乐阶段，这无疑是为宗族内部巩固情感，缓和矛盾创造了极为合适的时间与空间。此外，大射礼仪程中还有一些不拘于身份阶层，都必须遵守的规则仪程，如射必合乐节，君主与参赛者同射等。这些仪程缩小了各阶层之间的差距，在某种程度上约束了上层阶层的行为，达到了一定意义上的平等，缓和了社会矛盾。

三、大射礼对外的宣武功能

大射礼对外的宣武作用，主要表现在震慑诸侯和远威异族两个方面。大射礼源于巫术性射礼，最初就是用来诅咒敌方首领的巫射。在大射礼不断发展的过程中，带有诅咒性的内涵逐渐转化成带有威慑性质的武力宣化。

对诸侯的震慑作用，又体现在两个方面：一是授予同姓亲信诸侯国以权柄。以柞伯簋所记载的大射礼为例，柞伯是周公的第七子，成王时被分封至胙地。柞伯受封胙地的原因，《左传·僖公二十四年》记载说："昔周公吊二叔之不咸，故封建亲戚以蕃屏周。"[1] 胙国位于周都洛邑的东面，属于周都的东门户，起到了藩篱屏障的作用。胙国的武力是否强盛，关系着宗周是否安全。柞伯在周天子所举行的这次大射礼中获得优胜，得到了周天子的奖赏，从某种程度上说明周天子对柞伯的倚重。这从后来的柞伯鼎的铭文中可以看出，在围攻昏邑一战中，柞伯是作为主将出战的，可见胙国当时的军事力量不容小觑。而大射礼上柞伯武力的彰显，显然也会对异姓诸侯起到一定的威慑作用。

---

[1] 杨伯峻.春秋左传注[M].北京：中华书局，1981：425.

二是早期大射礼射"不宁侯"以威慑诸侯。大射礼是由射侯礼逐渐转化而来的，早期的射侯礼的直接目的即是射"不宁侯"。周武王讨伐商纣时誓师，丁侯没有来，姜太公即画了他的画像作为射箭的侯靶。① 周初天下初定，仍然有很多不安定的因素存在，大射礼既然源于射侯礼仪，在西周初期应该还保留有早期射侯礼仪的一些特征，既然周先王时期既有射"不宁侯"这种行为的存在，由此推论，西周初期的大射礼应该也保留有这种行为。《行苇》中所记载的西周初期的大射礼，其所用射具和射箭方式都不同于后来的礼射，这时大射礼上的"射"这种行为，带有很强的杀伤性。这种带有很强的杀伤性的行射活动与射"不宁侯"这种行为的存在，无疑给异姓诸侯带来很强的震慑作用。

此外，据义盉盖铭文所载，大射礼的参与者并不局限于周王朝统治下的各个诸侯国，还有很多没有接受周天子分封的异邦诸侯来参加。义盉盖铭文所载大射礼的举行地点在鲁，铭文中提到参与此次射礼的人员有"邦君"与"诸侯"之别，"诸侯"即指已受周天子封、有爵位的各国国君，"邦君"即指未受周天子分封的异邦君主。周天子在鲁地举行大射礼，无论这些"邦君"是受邀前来还是自动归附，这次大射礼都可以起到一定的宣示周王朝的实力以威慑异邦的作用。

---

① 李防，等.太平御览 卷七三七[M].中华书局，1960.

第二节　大射礼与西周的教育制度

西周的教育制度最大的特点即是学在官府，不同于后世的私学盛行，西周时期的学校为官府所兴办，因此被称为官学。官学分为"国学"和"乡学"两个等级，国学又分为"小学"和"大学"，都设立在周都近郊。小学即是周室贵族子弟启蒙的场所；大学则是周室贵族子弟进一步提升自己的能力，以备日后参与朝政的学校，被称为辟雍。诸侯在自己的国都附近也设有学校，供自己族内贵族子弟接受教育，乡学则只设小学，对普通贵族子弟进行启蒙教育。西周贵族教育的内容，为礼、乐、射、御、书、数六艺，其中，射艺这一项与大射礼息息相关。

每年在大祭之前，周天子都会前往泽宫组织贵族子弟习射，这正是《礼记·射义》中提到的天子将祭"习射于泽"，泽宫是专供贵族子弟习射的地方，据《射义》下文提到的"已射于泽，而后射于射宫"来看，泽宫与射宫应是相距不远。也有说法称辟雍即为泽宫，因其四面环水，故又称泽宫。诸侯则组织国内贵族子弟于泮宫处习射，泮宫即诸侯于诸侯国内所设大学，因其三面环水，故称其为泮宫。射宫即是周天子举行大射礼的地方，也有说射宫也在辟雍之内。贵族子弟要通过泽宫和射宫两层选拔，才能成为随从周天子参与祭祀的人员。能参与王族的祭祀，对于当时的贵族子弟来说，是一种莫大的荣誉。而周天子择士的标准，即是射艺的高低。

  周天子对射艺的重视，是"射"能够成为周代贵族子弟必修的六艺的一个原因。"射"在夏商两代，就已经成为贵族必修的技能之一。殷墟出土的花园庄东地H3号甲骨卜辞中，即记载了商代贵族子弟学射的史实。[①] 西周时期的贵族，从小就要由专门的学官来教授射艺，很多西周时期的金文中提到了这一情况，如静簋的铭文载曰："丁卯，王令静司射学宫，小子眔服眔小臣眔夷仆学射。"[②] 这里就提到了周天子令贵族子弟跟从"静"这个人学射的情况。从"射"的教育内容来说，对于贵族子弟的射艺教育，不仅包括射的准确度和强度，甚至有"五射"这种高超的射艺要求。"五射"即白矢、参连、剡注、襄尺、井仪五种射法。白矢，即射手所射之箭穿过靶子冒出白色的箭头；参连，即指射手先放一箭，然后后面的三箭连续发出，一箭紧接一箭，类似于后世所称连珠箭；剡注，指的是箭射出的速度非常快；襄尺，指的是射箭时应遵守的君臣之间的礼仪，即臣与君射，臣与君并立，让君一尺而退；井仪，指的是四支箭同时发出，插在侯靶上呈井字状排列。《行苇》一诗中描写大射礼行射的场面，便有对参连和井仪这两种射法的描述，可见这些射法在大射礼中都是被应用的。

  周天子除了重视所选之士的射艺，还重视所选之士的射德。大射礼发展到成熟期时，判定一个人在大射礼上表现的优劣，已经不仅仅是看此人的射艺是否高超，还要看此人的德行。射礼中

[①] 宋镇豪.从新出甲骨金文考述晚商射礼[J].中国历史文物，2006(1)：17.
[②] 郭沫若.两周金文辞大系图录考释·静簋[M].北京：科学出版社，1957：55-56.

的行射，讲求内志端正，《礼记·射义》中提道："内志正，外体直，然后持弓矢审固；持弓矢审固，然后可以言中。此可以观德行矣。"这正是说明这种行射活动，讲求的是内心持正，弦自心发，能否射准不仅凭外在肢体的熟练度，更主要的是凭借竞射者稳固的心态，这即是现在讲求的正确的心理素质。如果射箭的目的不纯粹，那么参射者就会有心理压力，内心就会慌乱，再熟练的射手也会受到心理的影响而失去准度。故而孔子认为，射而不中当"反求诸己"，射不中靶并非外物的影响，而是要反过来求诸自己的内心。

西周教育制度与大射礼之间存在的关系，其实是相互作用的关系，大射礼中所表现出的周天子对射艺的重视，对射技在西周教育中的地位产生了重要影响。所谓上行下效，西周无论是建在国都附近供周宗室贵族子弟接受教育的国学，还是建在地方基层供普通贵族子弟接受教育的乡学，射之一艺都是必修的六艺之一。当然，习射不仅是为了参加大射礼继而取得参与王室祭祀的机会，更加是因为"射"已经成为当时社会上层阶层人际交往必备的一种礼仪活动。而随着礼乐制度的确立与加强，西周教育侧重点相应的发生变化，在社会教育重视礼与道德的影响下，社会思想主流也随之发生改变，以礼与道德约束自己行为的观念深入人心，礼射随之出现。西周中后期的大射礼，随着礼射的出现，仪程也开始发生变化，等到以乐节射这种行射方式出现后，这种议程上的变化发展到极致，从而使大射礼的内涵发生了彻底的改变，以乐节射这一环节的出现，正是礼射发展到顶峰的表现。

但由于西周教授修己治人之道的大学并不普遍，普通贵族和庶民只有极少数人能够进入大学学习，而大部分人只能接受小学教育，只能接受最基本的礼仪规范如应对、进退之礼的教育，礼射这种礼仪只流传于上流社会，并没有大范围地为西周社会各阶层而接受掌握。随着社会变迁，周王室逐渐衰弱，权力的下移导致文化的下移，礼坏乐崩随之发生。

第三节　大射礼对西周社会生活的影响

　　大射礼对于西周社会的影响，并不局限于前两节提到的对于贵族生活的影响，它的影响是全面的、不分阶层的。大射礼有周天子或诸侯的主持，并且参与者为上层贵族，因此具有很强的社会影响力。这主要表现在，大射礼与乡射礼的关系和大射礼对西周风俗习惯的影响这两个方面。

　　乡射礼是各个州春秋两季为教化当地民众、举荐贤才而举行的射礼，参加者一般为卿、大夫、士这些等级较低的贵族。乡射礼作为一种常规射礼，其与大射礼有许多相同之处。从乡射礼的仪程来看，与大射礼存在的只是行礼级别上的差异，射前燕饮、三番射、无算爵、无算乐等重要阶段，两者皆有。不同的是乡射礼的射前燕饮阶段，按照的礼仪规制为乡饮酒礼的规制，大射礼则是严格按照燕礼的规制来举行射前燕飨；乡射礼与大射礼在三番射时所用器物的规格也不相等；最为明显突出的等级差异则表现在两类射礼的用乐上，不仅奏乐团队规模不同，所用曲目也有

第五章 大射礼与西周社会

严格的等级规定，如三番射阶段的用乐曲目：天子大射时为《驺虞》，诸侯大射时为《狸首》，卿大夫为《采蘋》，士为《采蘩》。从举行乡射礼的目的上来看，乡射礼的举行一是为了教化乡里，二是为了举乡中选才，这与大射礼和合宗亲、以射选士的目的基本一致。从举行射礼的地点，大射礼为泽宫和泮宫，乡射礼为乡学，皆是行教化职能的学校，这也从另一方面说明乡射礼与大射礼的行礼目的具有一致性。从行射活动中所秉持的射德来看，大射礼同乡射礼则是完全一致的，都要求竞射者要有较高的道德修养和礼仪标准。

杨宽先生曾提出大射礼为高级乡射礼一说[1]，综合上文所言，此说是成立的。乡射礼与大射礼的共同点很多，基本上可以说，乡射礼即为大射礼的低级模式。在现有的西周金文文献的记载中，并无乡射礼的记载，但这并不排除是因为乡射礼的等级过低，并无周天子与诸侯参与而没有记载的价值。《仪礼·乡射》中所载乡射礼，显然是成熟期的乡射礼。西周初期是否存在乡射礼，或者说此时的乡射是否成礼，是值得探索的一个问题，但无文献支持，无法深究。不过可以肯定的一点是，乡射礼的成礼是一个漫长的发展过程的，从它与大射礼的相类程度来看，它无论是从浅层次上的仪程方面，还是从深层次的内涵方面来说，都深受大射礼的影响。可以说，高位者所乐之事，底层民众必定跟从，乡射礼在某种程度上说，是低层次社会行为对高层次社会行为的一种模仿。但是反过来讲，民间因尚武而形成的习射活动，未必没有对统治

---

[1] 杨宽.古史新探·"射礼"新探[M].北京：中华书局，1965：310-370.

阶级产生影响，未必没有对大射礼的形成、发展乃至成熟起产生影响。因此乡射礼与大射礼之间的关系，即是各有源头的平行发展关系，也是相互作用、相互影响的相融合关系。可以说乡射礼映射了大射礼所包含的礼义内涵，又将其投射到更广阔的社会中去，影响到更为低层次的社会阶层，从而促成整个社会对"射"产生并维持重视态度。

一般来说，一个社会的上层意识形态往往会带动下层社会意识形态的走向，下层民众往往不能真正理解这种意识形态的内涵，但这种不理解并不影响民众的生活习惯与社会风俗逐渐随上层意识形态而发生改变。但是这种影响往往又是相互的，社会风俗发生变化后，社会上层的生活习俗也会被潜移默化地影响，从而逐渐对其意识形态发生作用。这个过程是一个循环往复的过程，在西周社会，大射礼与西周社会风俗之间的相互作用，正是这个复杂关系的一个缩影。

大射礼与西周社会风俗的关系，体现在两个方面。其一，大射礼与西周尚武民风的关系。周人生长于三辅之地，向来尚武，善于征战。射箭这一技能在当时属于宣示武力值的重要表现方式，理所当然会受到西周各阶层的重视。这种尚武之风无疑推动了大射礼的发展与成熟。等到大射礼发展到了一定的程度，由于受统治者的重视和上层贵族阶层的青睐，射箭这项运动更加流行于社会的各个阶层，尚武的民风也就愈加浓烈。这种尚武之风从《诗经》的一些篇目中即可看出，如《齐风·猗嗟》即是一首赞美一位射艺高超、为人英俊的射手的诗歌，除此之外还有《齐风·还》《郑风·叔于田》等，这些篇目都是赞颂武者之美，可见周人尚武之风对周人的审美观也产生了深刻的影响。因此，大射礼是受到周人尚武风俗的影响而发展并走向成熟的，而后又反过来加深周人的尚武观念，这正是西周时期礼乐制度与社会风俗之间关系的典型性例子。

其二，由统治者主持参与，上层贵族参与的大射礼，对西周的其他民俗的产生与流行也有所影响。如《礼记·射义》中有记载："男子生桑弧蓬矢六，以射天地四方。"[①] 这种生男子悬弧的习俗，有说是源于东夷部族，在现代的某些地区依然有生男孩后，在男孩床头挂设小弓的习俗。之所以悬挂弓矢，显然是由于父母希望男子长大后能够善射的原因。无论这种习俗源于何时何地，《礼记》中既有记载，就说明这种习俗在周代也是流行的。能够在周代流行，显然是周人对射之一事的重视，已经上升到将善射看作是期望能够代代相传的一种美好品德的程度上了。这显然与西周上层社会对"射"的倡导有很大关系，贵族阶层之所以重视"射"，很重要的一个原因即是"射"能够给予贵族获得荣誉和权力的机会，也就是参与大射礼才能获得的机会。

大射礼对西周社会风俗的影响并不是直观的、强烈的，而是间接的、潜移默化的。风俗的产生同制度的产生一样，从来都是一个漫长的过程，这个过程中，所有对它产生影响的因素，都是不可或缺的。不可否认的是，在以上风俗的产生过程中，大射礼起到的并不是唯一的作用。但大射礼所具有的其他射礼不具有，

---

① 孙希旦. 礼记集解 [M]. 北京：中华书局，1989：1447.

或者说不全部具有的特点，如周天子的直接参与、选士的职能、有奖励的竞射等，都是贵族对"射"之一事重视追捧的重要原因，上层贵族的重视正是社会风俗兴起的重要原因。大射礼与西周社会风俗的关系，也正是西周礼乐制度与西周社会风俗之间的复杂关系的一个缩影。

大射礼源于带有巫术性质的射侯礼，经过商代贵族射礼的修饰与融合，在西周被赋予了新的政治内涵和道德内涵。西周社会是礼乐文明昌盛的社会，礼乐制度与社会风俗相互影响，催化了礼乐文明内部的嬗变。大射礼作为一个典型性礼仪，从它在西周社会思想、政治、风俗的影响下不断发生的仪程和内涵上的改变，不难看出礼乐文明在西周时期的发展过程。随着战争的结束与社会矛盾重心的转移，大射礼的内涵逐渐从侧重武力改变为尊崇道德，由拥有外在张力的功利性的射为诸侯的贯革之射，转变为内在含蓄的修养自我的节乐之射。大射礼的这种改变，正是从某种角度反映了整个西周社会风气的转变。人们不再将外在的武力作为衡量一个人素质的主要依据，而是更加注重一个人的道德修养，注重人的内在力量。这种思想，影响了中国社会各流派思想几千年，从道家典籍《周易》中提到的"天行健，君子以自强不息；地势坤，君子以厚德载物"，到儒家经典《孟子》中提到的"浩然之气"，无一不是强调人的内在修养的力量。可以说西周是中华民族道德品格的形成时期，礼乐制度在其中起到了重要的导向性作用。

大射礼是西周礼乐制度的一个缩影，它与西周社会的关系，因为其自身的特殊性而具有一定的独特性。但这种关系所表现出的，更多的是因其具有礼乐制度的一般形式而具有的共性。礼乐制度不可能独立于社会而存在，它因社会的需要而产生，因社会的发展而发展，它对于社会的作用使社会发生变革，又因这种变革的反作用而逐渐衰落。但是，礼乐制度对社会的影响并不会随着制度的消亡而消亡，而是深深地镌刻在中华民族的血脉之中，成为民族道德品格的不可分割的部分。

结 语

结 语

  大射礼的仪程从来都不是一成不变的，由简到繁，是一个漫长的发展过程。西周早期的大射礼流程因缺少记载的原因，向来很少有人提及。本书根据传世典籍和金文中所记载的片段，对其进行了片段性的还原。由于《仪礼》中所记载的大射礼是诸侯大射礼，其规格逊于天子大射礼，在《仪礼》所记载的大射礼的基础上努力对天子大射礼进行还原，也是本书所做的工作之一。此外，大射礼的乐仪，因为缺少相关资料，很少有人单独列出。本书不局限于礼制史的相关资料，从乐仪、乐器、乐曲三方面入手，从音乐、文学角度分析，还原天子、诸侯两种不同规格的大射礼用乐情况。

  综合全书所言，大射礼在西周时期的发展轨迹已经基本清晰，大射礼与西周社会之间相互影响、相互促进发展，作为一个窗口，研究大射礼使人对西周礼乐制度的发展轨迹和历史作用也有了一定的了解和认知。对大射礼仪节的还原，和对其内涵嬗变的分析，对于研究先秦社会形态的发展具有重要意义，对处理当今社会制度与社会思想、风俗之间的关系，也有一定的借鉴作用。

  此外，礼乐文化对东亚文化圈的影响也是不可估量的，朝鲜半岛、日本、东南亚的越南、老挝等国，至今他们的文化和习俗仍旧能看到礼乐文化影响的痕迹。

  礼乐文化之所以影响如此深远，传播如此广泛，正是由于它不止依赖于传统的文献传播方式。礼仪、礼物、音乐皆作为传播媒介，承载礼乐文化的内涵，突破了人群、地域、国别的屏障，可以更加广泛深入地将礼乐文化传播出去。在新媒体时代，我们优秀的传统文化也面临着走出去的重要机遇。鉴古知今，弘扬和传播优秀传统文化，不仅要做到传承创新，更要做到古为今用，优秀文化的传承也包含了优秀方法论的传承。借鉴礼乐文化的传承、传播方式，与当代新媒体相融合，才能更好地使中华优秀传统文化为年轻群体传承，才能使中华优秀传统文化更好地走出去，为世界所认识接受。

补 论

由贯革之射到不主皮之射
——商周之际大射礼的演变与成熟

陈戍国先生认为礼的构成要素有三：一为礼物，二为礼仪，三为礼意。这三者完备之礼，方可称之为成熟的礼。[1] 从礼物的出现，到礼意的具备，几乎是每一种礼所必经的发展过程。大射礼在其发展变化过程中，也经历了这一必备阶段。处于贯革之射阶段的大射礼，是偏重于礼物的，这一点在商晚期出现的王射活动中表现得尤为明显，这同商代杀牲习惯有密切关系。随着武王克商，这种注重礼物的射，被赋予了新的内涵，由震慑性的射"侯"到政治性的射为诸侯，射本身的意义逐渐被淡化。西周早期到西周中期，"以周王为中心的宗教祭祀不断政治化、仪礼化"[2]，为"获"而射的大射礼，在这种极具社会性的演变中，发展为具有一定政治性的"射而不中，反求诸己"的修身礼仪，成为礼物、礼仪、礼意三者完备的成熟之礼。

一、贯革之射：商晚期王射的巫射特征

射礼所应具备的礼物，根据其发展的阶段，首先出现的是弓和箭。在距今三万年左右的旧石器时代晚期的下川文化的遗存中，

---

[1] 陈戍国. 中国礼制史·先秦卷 [M]. 长沙：湖南教育出版社，1991：8.
[2] 小南一郎. 论射的礼仪化过程——以辟雍礼仪为中心 [C]// 西周文明论集. 北京：朝华出版社，2004.

就已经发现了石制箭镞,这标志着彼时弓箭已经应用于狩猎活动。当采集活动发展到一定阶段,种植业随之兴起,人们逐渐减少了狩猎这种危险程度较高的获取食物的途径,将生产生活的重心转移到农业生产上来,稳定的生产生活带来的人口的增加和财富的累积,部落间争斗加剧。弓箭作为主要的杀伤性武器,在部落之间的战争中往往起到十分重要的作用。随着社会的发展,部落首领逐渐集宗教与世俗权力于一身。在部落战争中发生的由部落首领主导的对敌方部落首领进行的诅咒仪式上,射的自然属性开始被社会属性所替代,巫射开始出现。

这就不得不引出,射礼所要具备的另一项必备礼物了,这件礼物即是射这种行为的目标物,也就是后期射礼成熟时期所要用到的射靶——"侯"。1973年长沙马王堆汉墓出土的帛书中,有一部早已佚失的古籍《黄帝十六经·正乱》,其中记载:"黄帝身遇蚩尤,因而擒之。剥其□革以为干侯,使人射之,多中者赏。"[1]这段文字描写了黄帝在战胜蚩尤后,向天下宣示其战果及权威的巫射行为。《仪礼·大射仪》记载举行大射礼时,司马"遂命量人、巾车张三侯。大侯之崇,见鹄于参;参见鹄于干,干不及地武,不系左下纲。设乏西十、北十,凡乏用革"。[2]这其中所提到的"干"即为《黄帝十六经》中黄帝以蚩尤皮所蒙之"干侯"。《仪

---

[1] 湖南省博物馆,中国科学院考古研究所. 长沙马王堆二、三号汉墓发掘简报 [J]. 文物,1974(7)39-48, 63, 95-111.

[2] 十三经注疏·仪礼注疏 [M]. 郑玄,注. 贾公彦,疏. 北京:北京大学出版社,2000:343.

礼》郑玄注云："干，读为豻，豻侯者，豻鹄、豻饰也。"[①]"豻"即北方一种似狐的野狗，以蚩尤皮代替野狗皮做干侯，既有震慑之意，也有巫术诅咒之意。无独有偶，《史记·殷本纪》记载，商王武乙曾经用革囊盛血作为侯，通过射这种侯来诅咒侮辱天神，这显然也是一种带有巫术性质的射礼。称这种巫射为礼，是因为这种巫射的行为，已经具备了礼的三要素中最重要的一个要素，那就是"礼意"。无论这种巫射在我们现代的眼光看来有多么的荒诞不经，但在当时行礼者的意识中，这是一件严肃的、有效的、具有某种社会意义的行为。

这种巫术性质，一直到商代晚期的作为大射礼前身的王射之礼中，依然有所体现。作册般铜鼋，是国家博物馆于2003年征集到的一件商代晚期的青铜器。该器的器型作鼋形，不同于以往经常发现的类兽形实用性青铜器（如四羊方尊或虎食人卣），这件青铜器是单纯地作为礼器而被制作出来的。器身着四只箭镞，鼋的头部一只，鼋的背部三只，背甲中间部位刻有铭文四纵行：

  丙申，王迖邘（于）洹，隻（获）。王射，奴射三，率亡（无）灋（废）矢。王令（命）寝馗兄（贶）邘乍（作）册般，曰：'奏于庸，乍（作）。'母（毋）宝。"

这件青铜礼器经李学勤、朱凤瀚等先生推断，应是商代晚期的作品，大约在帝辛、帝乙时代。根据铭文来看，铜鼋所记载的整个行射活动，应该分为两个部分。一部分是对于所行射礼要准备的"侯"进行捕获，即铭文所提到的"王迖邘（于）洹，隻

[①] 十三经注疏·仪礼注疏[M].郑玄，注.贾公彦，疏.北京：北京大学出版社，2000：343.

（获）"一事；另一部分则是真正的商王亲自行王射的过程。这次射礼的两道程序，从铜鼋本身所着的四支箭所处的不同位置即能分析出来，射在鼋头的一箭同射在鼋背上的三箭射入方向明显不同，之所以会造成这种不同，正是因为这四箭的行射者的目的不同。鼋头的一箭是为了将其捕获，而鼋背上的三箭则很有可能就是铭文中所提到的商王亲射的三箭。

在这次射礼中，商王亲射三箭，且三箭皆中，这显然达到了举行此次射礼的目的，因此商王才会令有关人员铸造了这件礼器赐予作册般。关于此次射礼的巫射性质，则是体现在"侯"的选取上。以鼋作为射礼的"侯"，本身就使此次射礼具有了巫射性质。东汉许慎《说文解字》云："鼋，大鳖也。"[1] 由此可见鼋算得上是体型巨大的龟类。龟类在商代社会中的用途比较神圣，一般做祭祀占卜之用，《史记·殷本纪》载："天即讫我殷命，假人元龟，无敢知吉。"马融曰："元龟，大龟也，长尺二寸。"孔安国曰："大龟以神灵考之，皆无知吉者。"[2] 由此可知，商代像鼋这样的大龟是具有某种神圣意义的，是与神灵相通的灵物，是不能够随意捕杀的。而如此神圣的灵物，在此次射礼中却是作为射侯使用的。且从铭文及器形看来，作为射侯出现的鼋，只有商王有资格行射。这就进一步说明了将鼋作为射侯的不同寻常。

关于此次射礼的巫射性质，学界还有其他方面的考论，比如晁福林先生提出了对"奏于庸"一事的不同见解，认为"奏于庸"

---

[1] 许慎. 说文解字 [M]. 北京：中华书局，1963：285.
[2] 司马迁. 史记·殷本纪 [M]. 裴骃，集解. 司马贞，索隐. 张守节，正义. 北京：中华书局，1959：108.

的含义并非学界流行的两种说法（射礼后进行乐器演奏或射礼后将事情记载于庸器上），而是将黿的血衅于钟上，行厌胜一般的巫术，为的是震慑黿所代表的南方氏族。[①]根据商代后期征讨人方、盂方等南方东南方氏族的史实来看，这种推测也不无道理。但因铭文中并未有详细记载，亦未有确切史料证明，以黿血衅钟一事只能成为推论。

总而言之，无论是以捕捉到的黿做侯靶用来行王射之礼的行为，还是以黿血衅钟的推论，都说明晚商王射是具有一定巫射性质的杀牲性射礼，黿作为活物被射伤捕捉后作为侯靶使用，体现了此时的王射射礼还存在着射这种行为的自然属性，即杀伤性。但是这次射礼的后续，无论是制成礼器也好，还是以血衅钟震慑外族也好，都说明了这次王射射礼具有很强的社会属性，以及以政治目的为主的社会性目的。这说明，晚商王射礼作为周代大射礼的前身，虽然对射的自然属性有所保留，但射礼的社会属性逐渐凸显，礼制性增强，晚商时期的王射之礼，已不是滥觞期的大射礼，而是形成期的大射礼。

二、武王克商，贯革之射息：由射不宁侯到射为诸侯

射礼作为礼乐文化的重要组成部分，其形成与发展一直是文化史研究的重点。传世文献记载："武王克商，贯革之射息。"[②]这就是说，西周初年已有射礼的存在。但是周代的射礼到底是在商代

[①] 晁福林. 作册般铜黿与商代厌胜 [J]. 中国历史文物，2007(6)：48—54.
[②] 十三经注疏·礼记正义 [M]. 郑玄，注. 孔颖达，疏. 北京：北京大学出版社，2000：1325.

射礼的基础上发展形成的，还是完全摒弃了商代的射礼形式，另起炉灶自成体系，一直缺乏相关资料考证。直到1992年至2002年期间，中国社会科学院考古研究所安阳工作队在河南省安阳市花园庄东地发掘的商代墓葬出土了大量的甲骨，其中有大量记载与商代射礼相关的内容。从这些甲骨卜辞的记录中我们可以了解到，商代射礼种类繁多，虽然也还留存着巫射的习惯如射天、射帝等，但弓矢竞技类射礼已经开始出现。

因为弓矢竞技类射礼的出现，使参与射礼的人群与射礼场地也发生了改变，参射人员从原来的商王、巫师、部族首领等少数人，扩展为殷商贵族子弟、部族首领子弟等贵族阶层，射礼的场地不仅有庠、序等专门场所，还有野外有水泽处。除此之外，花东甲骨主人"子"在举行射礼后，还会进行祭祀祖先的仪式。以上商代的射礼特征，在周代射礼中都有体现，《礼记·射义》言："天子将祭，必习射于泽。"[①] 从周初从青铜器铭文以及《诗经》《仪礼》等传世文献的记载上来看，参与射礼者也确实是以周王室子弟和各诸侯及其子弟为主。周天子在祭祀之前要去泽畔行射礼的仪程，也是沿袭了商代的礼仪。再者商代射礼已经有了三番射的雏形，有卜辞记录了"子"在麗、泞、灘三地举行射礼即每轮竞射在麗、泞、灘三地各射一次，最后又回到麗地复射，这与周代射礼三番射的仪程非常相似，不难看出周代射礼在这方面对商代贵族射礼的继承。

周代大射礼在继承商代射礼礼仪的同时，也将大射礼意进行

---

① 孙希旦. 礼记集解[M]. 北京：中华书局，1989：1446.

了进一步的赋予和阐释。《礼记·射义》曰："故天子之大射，谓之射侯。射侯者，射为诸侯也，射中则得为诸侯，射不中则不得为诸侯。""是故古者天子以射选诸侯、卿大夫、士。"[①]《礼记·射义》中所提到的射侯，已经完全脱离了晚商时期射侯所具有的巫术性质，成为具有某种政治性意味的礼物。从巫术性到政治性的转变，其实夹杂了一个射"不宁侯"的发展过程。《礼记·乐记》曰："武王克殷……散军郊射，左射《狸首》，右射《驺虞》，而贯革之射息也。"《仪礼·大射仪》郑玄注说："《狸首》……狸之言不来也，其诗有'射诸侯首不朝者'之言，……侯谓所射布也。尊者射之，以威不宁侯；卑者射之，以求为侯。"[②]《狸首》之诗已亡佚，其内容已不可考，但郑玄所言射"不宁侯"之事，未必为杜撰。武王克商之后，周族虽占有中原，有了天下共主的名义，但实质上并未很快速地为周边方国所臣服，从西周早期青铜器保卣、塑方鼎等的铭文所记载史实来看，在周初三监之乱时，很多方国跟从叛乱，周公及成王也多次东征。因此，西周初期周王在大射礼时，用射"不宁侯"的方式对方国诸侯进行威慑，也是必要的政治行为。而且此时自商末承继下来的大射礼，其巫术诅咒性质的影响尚未消退，射"不宁侯"的行为中，也带有了一定的诅咒意味。

西周康、昭之际，经过周公、成王的对外征伐，周王室统治趋于稳定，虽然也有对南方用兵的行为，但严格来讲这种行为已经属于扩土开疆。对外既然已无大患，那么对内的和合就成了周王朝的政治重心。随着周王朝政治重心的转移，大射礼所承担的

[①] 孙希旦. 礼记集解 [M]. 北京：中华书局，1989：1440.
[②] 阮元. 十三经注疏·仪礼注疏 [M]. 北京：中华书局，1980：845.

政治功能也随之发生改变，由射"不宁侯"到"射"为诸侯的转变，正是大射礼政治功能的转变在礼意上的体现。

柞伯簋，1993年出土于河南平顶山应国墓地M242，现藏于河南博物院。簋上有铭文如下：

> "惟八月辰在庚申，王大射在周。王命南宫率王多士，师□父率小臣。王迟（犀）赤金十钣。王曰："小子，小臣，敬又决，获则取。"柞伯十称弓，无废矢。王则畀柞伯赤金十钣，遂锡杞虎。柞伯用作周公宝尊彝。"[①]

柞伯簋年代经学界断定大体在康、昭之际，器主人乃是西周初期胙国国君，即周公的某一庶子。所载史实乃是在周历八月周王举行的大射礼上，柞伯簋的主人胙国国君，因十射十中，不仅获得了周王的赏金，甚至得到了周王奖赏的乐器，这种奖赏在礼乐始盛的周初，不可谓不重。这场射礼已经明显褪去了巫术诅咒意味，威慑性大大减弱。"射为诸侯"，是对周王对内和合的选才行为的概括，周王通过大射礼选拔人才，赐予封地也好，奖赏物质也好，都是对人才的肯定。这种较为公正的人才选拔方式，在一定程度上促进了周部族内部的和谐，达到了周王对内和合的政治目的。

西周早期，周王室经历长时间的对外征伐与对内改革，开始尝试确立起一套盛行于上层社会的礼乐制度。这套礼乐制度寻根究底，是为巩固周王室的统治而存在的，是一套名副其实的政治制度。大射礼包含在这套政治制度当中，射本身的自然属性被消

[①] 刘雨. 近出殷周金文综述 [J]. 故宫博物院院刊，2002(3)：8.

磨殆尽，成熟礼仪所应具备种种要素逐渐完备，礼意的内涵由野蛮神秘到文明理性，逐渐成为一项真正的礼仪。但是西周早期的大射礼，所具备的"射为诸侯"的礼意，仍旧停留在对政治地位的追求的层面上，与《礼记》所载射礼所达到的射以观德、射以修己的精神修养层面上的礼意做比较来说，仍然不能称为完全成熟之礼。

三、不主皮之射：《仪礼》《礼记》所载大射礼为成熟之礼

　　《仪礼》相传为周公所作，但经沈文倬、王辉等人根据史实及古文字、出土器物等判定，《仪礼》成书年代应不早于春秋，不晚于战国中期。因此《仪礼》中所记载的礼仪制度，很大程度上就是西周晚期到春秋时期周礼的原貌。"三礼"之中，《礼记》部分文本的成书年代较晚，相传与孔子及其弟子有关，为西汉戴圣所编，其内容是对《仪礼》所载礼仪进行阐释。《礼记》作为浸透了儒家思想的典籍，对《仪礼》中各种礼仪的解释也充满了儒家的理解，甚至可以说《礼记》即是儒家对周礼的理想化解读。这种解读，恰恰是将礼做了精神上的升华，把周礼从礼仪制度层面拔高到了思想层面，丰富了周礼的内涵。从《仪礼》的记载可以看出，这个时期的礼仪，在程序上已臻成熟。在此基础上，《礼记》对《仪礼》所载的礼仪进行礼意方面的阐发，上升到思想的高度，甚至建立起以儒家思想为内核，礼乐文化为表的思想体系，使周礼达到真正的成熟。

《仪礼·乡射礼》云:"礼,射不主皮。"① "射不主皮"谓射重在合于礼乐,不以中的为主。不主皮之射的出现,标志着大射礼正式进入成熟阶段。这个阶段的大射礼,礼物的作用明显减弱,礼仪的作用被凸显;而乐的比重增加,则使整个礼仪得到了升华。《礼记·乐记》曰:"乐统同,礼辨异。"② 乐的统同作用,使行大射礼过程中用来"别嫌明微"的礼仪显得不那么生硬的同时,通过对行礼人员的个人素养进行熏陶和蕴养,使他们对当时的礼乐制度产生道德上的认同感。"射不主皮"对于大射礼的真正意义,则是大射礼完全脱离了以礼物为主导的阶段,进入到以礼仪为主导的阶段。《礼记》对"射不主皮"的阐释,则使大射礼进入了真正成熟的阶段——以礼意为主导的阶段。《仪礼》所描写的大射礼仪程十分复杂,一举一动都有礼仪约束,这种礼仪上的繁复如果没有实质意义,那么很快将会被社会淘汰。《礼记》则对这些繁复的仪程做了思想内涵的注解。《礼记·射义》曰:

"故射者,进退周还必中礼,内志正,外体直,然后持弓矢审固;持弓矢审固,然后可以言中,此可以观德行矣。"③

射者在射礼中做出合乎礼仪的行为,是因为射者内心意志中正,内心中正,则身体会自然而然地合乎射箭动作的标准,继而能够射中。如果射而不中,那么则是射者自身修养不够,以致内

---

① 杨天宇. 仪礼译注 [M]. 上海:上海古籍出版社,2004:133.
② 十三经注疏·礼记正义 [M]. 郑玄,注. 孔颖达,疏. 北京:北京大学出版社,2000:1917.
③ 杨天宇. 礼记译注 [M]. 上海:上海古籍出版社,2004:833.

心杂乱，所作所为不能合乎礼仪，这就要求射者反求诸己，通过加强自身的思想道德修养来使自己的行为合乎礼仪。这是射者个人必须遵守大射礼仪程的意义。《礼记·射义》又曰：

> "天子以《驺虞》为节；诸侯以《狸首》为节；卿大夫以《采蘋》为节；士以《采蘩》为节。《驺虞》者，乐官备也，《狸首》者，乐会时也；《采蘋》者，乐循法也；《采蘩》者，乐不失职也。是故天子以备官为节；诸侯以时会天子为节；卿大夫以循法为节；士以不失职为节。故明乎其节之志，以不失其事，则功成而德行立，德行立则无暴乱之祸矣。功成则国安。故曰：射者，所以观盛德也。"

遵守这些繁复的礼仪，不仅事关个人，还与统治者施政得当与否、国家秩序是否和谐息息相关。在儒家的视野中，《驺虞》《狸首》《采蘋》《采蘩》这些射礼用乐，不再是简单的行射节奏或者是区别身份地位的工具，而是被赋予了引导社会各阶层各安其职、各守其德的思想内涵。这种内涵的赋予，使乐的统同作用被发挥到了极致，使人们在行礼的过程中不自觉地为仪程乐曲所蕴含的道德感所感染，从而对自身行为进行约束。

《仪礼》《礼记》中的大射礼在通过礼仪、礼意引导约束人们的同时，其所承担的选才作用也并没有被减弱，反而得到了升华。最初周王利用大射礼选才的标准，是看是否能够射中侯靶，从《诗经·行苇》所记载的大射礼场景来看，其标准后来还包括一些射箭的技巧，这些评测的标准，都只取决于射者的武力与技巧。《礼记》中射以观德说法的提出，则将射中与否与德行修养联系到一起，将原有的以技选才的原始落后的选才方式，提高到以德选才的高度。这种选才观念的转变，很可能是儒家对礼乐文化理想化解释下所产生的产物，但儒家对大射礼礼仪、礼物的种种阐释，又确实使大射礼达到了真正的成熟。

综上所述，《仪礼》与《礼记》中所记载的大射礼，虽然可能与当时的社会现实有所出入，但却是理想状态中，以大射礼为代表的周代礼乐文化所能达到的最高高度。儒家对于礼乐文化的这种阐释，像是为繁复地约束人们行为的礼仪制度，植入了思想甚至于信仰的内核。带着这种内核的礼乐文化，并没有随着周朝的结束而衰落，反而从此植根于中华民族的血脉之中，不断结合时代需要，焕发出新的生机。

孔子说："殷因于夏礼，所损益，可知也；周因于殷礼，所损益，可知也。"[1]从花东甲骨刻辞关于商代贵族射礼的有关记录，以及作册般铜鼋所记载的商代的王射来看，商代射礼已经不是滥觞期的射礼，而是形成期的射礼，商代巫射肯定沿袭了前代的射礼习俗，商代祭祀之射与竞技性射礼又为周代所继承，射礼最终在西周时期发展到成熟阶段。当然，这种文化的因袭，不仅表现在射礼等礼仪方面，还表现在社会习俗，思想文化等方方面面。

大射礼起源于带有巫术性质的射侯礼，经过商代贵族射礼的修饰与融合，在西周被赋予了新的政治内涵和道德内涵。大射礼作为一个形成期漫长的礼仪，从晚商到周初这段时间里，在以政治为主

---

[1] 杨伯峻. 论语译注 [M]. 北京：中华书局，2009：21-22.

导因素的影响下发生了礼意上的嬗变。随着战争的结束与社会矛盾重心的转移，大射礼的内涵逐渐从侧重武力改变为尊崇道德。从具有杀伤性的贯革之射，到残留有巫术诅咒痕迹的射"不宁侯"，再到拥有外在张力的功利性的射为诸侯，大射礼在商周之际完成了一个礼仪从形成期到成熟期的转变。随着《礼记》对大射礼的进一步阐释，大射礼完成了思想上的升华，最后臻于完全成熟。

商周之际，大射礼在礼物、礼仪、礼意上发生的种种演变，其实就是某种自然行为社会化的典型例子。这种社会化往往从自然行为神秘化开始，历经礼仪化的过程，渐渐达到思想化的顶峰。纵观周代各种礼仪的发展，其实大部分都经历了这个过程。以往学术界在探讨礼的起源的过程中，更多的是就各种礼的起源的种种差异进行种种讨论。但不可否认的是，这些礼仪的源头，有不少都是某种自然行为，而其形成礼仪的过程，也有不少与大射礼一致，如士丧礼、士婚礼、士相见礼等。这些共性同差异一样，也是值得我们去深入思考讨论的。

参考文献

一、基本文献

[1]司马迁.史记[M].北京：中华书局，2013.
[2]司马光.投壶新格[M].上海：上海书店出版社，1994.
[3]阮元.十三经注疏[M].北京：中华书局，1980.
[4]孙诒让.周礼正义[M].北京：中华书局，1987.
[5]阮元.清经解[M].上海：上海书店出版社，1988.
[6]王先谦.清经解续编[M].上海：上海书店出版社，1988.
[7]胡培翚.仪礼正义[M].南京：江苏古籍出版社，1993.
[8]王国维.观堂集林[M].北京：中华书局，2004.
[9]袁珂.山海经校注[M].上海：上海古籍出版社，1980.
[10]杨天宇.周礼译注[M].上海：上海古籍出版社，2004.
[11]杨天宇.仪礼译注[M].上海：上海古籍出版社，2004.
[12]杨天宇.礼记译注[M].上海：上海古籍出版社，2004.
[13]李民，王健.尚书译注[M].上海：上海古籍出版社，2004.
[14]程俊英.诗经译注[M].上海：上海古籍出版社，2004.
[15]黄怀信，张懋镕，田旭东.逸周书汇校集注[M].上海：上海古籍出版社，2007.

二、学术专著

[1]川原寿市.仪礼释考[M].京都：朋友书店，1974.
[2]白川静.西周史略[M].袁林，译.西安：三秦出版社，1992.
[3]陈梦家.殷墟卜辞综述[M].北京：中华书局，1988.
[4]郭沫若.卜辞通纂[M].北京：科学出版社，1983.
[5]姚孝遂.殷墟甲骨刻辞类纂[M].北京：中华书局，1989.
[6]中国社会科学院考古研究所.殷墟花园庄东地甲骨[M].昆明：云南人民出版社，2003.
[7]郭沫若.殷周青铜器铭文研究[M].北京：人民出版社，1954.
[8]陈梦家.西周铜器断代[M].北京：中华书局，2004.
[9]马承源.中国青铜器[M].上海：上海古籍出版社，1988.
[10]马承源.中国青铜器研究[M].上海：上海古籍出版社，2002.
[11]刘雨，卢岩.近出殷周金文集录[M].北京：中华书局，2002.
[12]王辉.商周金文[M].北京：文物出版社，2006.
[13]中国社会科学院考古研究所.殷周金文集成[M].北京：中华书局，2007.

[14]郭绍虞．中国体育史·周代射侯之制度[M]．上海：商务印书馆，1919．

[15]晁福林．先秦民俗史[M]．上海：上海人民出版社，2001．

[16]晁福林．先秦社会形态研究[M]．北京：北京师范大学出版社，2003．

[17]晁福林．夏商西周的社会变迁[M]．北京：北京师范大学出版社，1996．

[18]沈长云．中国历史：先秦史[M]．北京：人民出版社，2006．

[19]许倬云．西周史[M]．上海：生活·读书·新知三联书店，1994．

[20]杨宽．西周史[M]．上海：上海人民出版社，1999．

[21]彭林．中国古代礼仪文明[M]．北京：中华书局，2004．

[22]杨志刚．中国礼仪制度研究[M]．上海：华东师范大学出版社，2001．

[23]陈戍国．中国礼制史·先秦卷[M]．长沙：湖南教育出版社，1991．

[24]袁俊杰．两周射礼研究[M]．北京：科学出版社，2013．

[25]顾涛．中国的射礼[M]．南京：南京大学出版社，2013．

[26]杨华．先秦礼乐文化[M]．武汉：湖北教育出版社，1997．

[27]杨华．古礼新研[M]．北京：商务印书馆，2012．

[28]李宏峰．礼崩乐盛——以春秋战国为中心的礼乐关系研究[M]．北京：文化艺术出版社，2009．

[29]马银琴．两周史诗[M]．北京：社会科学文献出版社，2006．

[30]王辉斌．商周逸诗辑考[M]．合肥：黄山书社，2012．

[31]沈从文．中国古代服饰研究[M]．上海：上海书店出版社，2005．

[32]江林．《诗经》与宗周礼乐文明[M]．上海：上海古籍出版社，2010．

三、已刊学术论文集、论文

[1]小南一郎．论射的礼仪化过程——以辟雍礼仪为中心[C]//西周文明论集．北京：朝华出版社，2004：181-191．

[2]李学勤．柞伯簋铭考释[J]．文物，1998(11)：67-69．

[3]李学勤．作册般铜鼋考释[J]．中国历史文物，2005(1)：4-5．

[4]刘雨．西周金文中的射礼[J]．考古，1986(12)：1112-1120．

[5]朱凤瀚．作册般铜鼋探析[J]．中国历史文物，2005(1)：6-10．

[6]朱凤瀚．柞伯鼎与周公南征[J]．文物，2006(5)：67-73．

[7]崔乐泉．"射侯"考略[J]．成都体育学院学报，1995(2)：15-19．

[8]胡新生．西周时期三类不同性质的射礼及其演变[J]．文史哲，2003，(1):112-117．

[9]姜楠．射礼源流考[J]．天津师大学报(社会科学版)，1993(6):53-55．

[10] 罗振跃. "蔑历"一词在金文中的含义即赐食 [J]. 贵州大学学报（社会科学版）, 2001(5):69-71.

[11] 裘锡圭. 商铜鼋铭补释 [J]. 中国历史文物, 2005(6):4-5.

[12] 史晓亮. "射礼"——中国竞技体育"举国体制"的文化源头 [J]. 体育文化导刊, 2005, (3):76-78.

[13] 杨朝明. 鲁国礼乐传统研究 [J]. 历史研究, 1995, (3): 16-33.

[14] 杨梦奎. 先秦射艺描写的文化蕴涵 [J]. 北华大学学报（社会科学版）, 2004, (3): 15-18.

[15] 闫小平. 先秦时期礼射的功能及其演变 [J]. 体育文化导刊, 2005, (7): 76-77.

[16] 宋镇豪. 从新出甲骨金文考述晚商射礼 [J]. 中国历史文物, 2006, (1): 10-18.

[17] 袁俊杰. 作册般铜鼋所记史事的性质 [J]. 华夏考古, 2006, (4): 39-44.

[18] 袁俊杰. 柞伯鼎铭补论 [J] 中原文物, 2008, (1): 87-90.

[19] 袁俊杰. 昨国史事探析 [J]. 河南大学学报（社会科学版）, 2008, (3): 108-113.

[20] 王龙正, 姜涛, 袁俊杰. 新发现的柞伯簋及其铭文考释 [J] 文物, 1998, (9): 53-58.

[21] 王龙正, 袁俊杰, 廖佳行. 柞伯簋与大射礼及西周的教育制度 [J] 文物, 1998, (9): 59-61.

[22] 张影舒. 从柞伯簋形制看草原文明与中原文明的互动 [J] 宝鸡文理学院学报（社会科学版）, 2012, (3): 33-36.

[23] 涂白奎. 周天子尊诸侯之称与《柞伯簋》相关问题 [J] 史学月刊, 2010, (10): 22-27.

[24] 李敦庆. "三礼"中仪式用乐的政治含义及礼、乐之关系 [J] 文艺评论, 2015, (8): 165-170.

[25] 黄松毅.《诗经·行苇》所涉礼仪考 [J] 西华师范大学学报（哲学社会科学版）, 2006, (2): 16-19.

[26] 赵红红. 先秦射礼研究的回顾和展望 [J] 浙江体育科学, 2010, (5): 113-115.

[27] 陈春慧. 论射礼兴衰与文化嬗变 [J] 南京理工大学学报（社会科学版）, 2002, (2): 20-23.

[28] 卞晨. 射的起源及在奴隶社会时期的发展和演变 [J] 河北体育学院学报, 2003, (3): 10-13.

[29]漆子扬.《仪礼》乐制初探[J]社科纵横,1993,(4):60-64.

四、学位论文

[1]栗建伟.周代五礼乐仪考[D].华中师范大学,2008.
[2]冯茂民.《鹿鸣》与周代礼乐制度[D].山西大学,2012.
[3]顾春娅.礼乐教化视域中的周代射礼[D].曲阜师范大学,2010.
[4]李雁荣.射礼研究[D].兰州大学,2006.
[5]郭珂.《周礼》乐官辨[D].河南大学,2005.

五、其他文献

(一)考古发掘报告

[1]王龙正,夏麦陵,王宏伟,等.平顶山应国墓地八十四号墓发掘简报[R].河南省文物考古研究所,平顶山市文物管理委员会,文物,1998(09):4-17.
[2]李捷民,华向荣,刘世枢,等.河北藁城台西村商代遗址发掘简报[R].河北省文物管理处台西考古队,河北省文物管理处台西考古队,河北省文物管理处台西考古队,河北省文物管理处台西考古队,河北省文物管理处台西考古队,河北省文物管理处台西考古队,文物,1979(06):33-43.
[3]梁星彭,郑文兰.1984年沣西大原村西周墓地发掘简报[R].中国社会科学院考古研究所沣西发掘队,考古,1986(11):977-981.

(二)工具书

[1]许慎.说文解字[Z].北京:中华书局,2013.
[2]段玉裁注.说文解字注[Z].上海:上海古籍出版社,1988.
[3]郭璞.尔雅[Z].杭州:浙江古籍出版社,2011.
[4]中国社会科学院考古研究所.甲骨文编[Z].北京:中华书局,1996.
[5]唐祈,彭维金.中华民族风俗辞典[Z].南昌:江西教育出版社,1988.
[6]华夫.中国古代名物大典[Z].济南:济南出版社,1993.